本书受宜宾学院博士科研启动资金和工商管理重点学科资金资助

分销商跨组织私人关系、组织关系对速度竞争优势的影响研究

Fenxiaoshang Kuazuzhi Siren Guanxi Zuzhi Guanxi Dui Sudu Jingzheng Youshi de Yingxiang Yanjiu

白如彬　著

西南财经大学出版社

图书在版编目(CIP)数据

分销商跨组织私人关系、组织关系对速度竞争优势的影响研究/白如彬著.
—成都:西南财经大学出版社,2014.3
ISBN 978-7-5504-1318-4

Ⅰ.①分… Ⅱ.①白… Ⅲ.①企业管理—市场竞争—研究　Ⅳ.①F271
中国版本图书馆 CIP 数据核字(2014)第 003297 号

分销商跨组织私人关系、组织关系对速度竞争优势的影响研究
白如彬　著

责任编辑:汪涌波
助理编辑:高小田
封面设计:杨红鹰
责任印制:封俊川

出版发行	西南财经大学出版社(四川省成都市光华村街55号)
网　　址	http://www.bookcj.com
电子邮件	bookcj@foxmail.com
邮政编码	610074
电　　话	028-87353785　87352368
照　　排	四川胜翔数码印务设计有限公司
印　　刷	郫县犀浦印刷厂
成品尺寸	170mm×240mm
印　　张	9.5
字　　数	175 千字
版　　次	2014 年 3 月第 1 版
印　　次	2014 年 3 月第 1 次印刷
书　　号	ISBN 978-7-5504-1318-4
定　　价	35.00 元

1. 版权所有,翻印必究。
2. 如有印刷、装订等差错,可向本社营销部调换。

前　言

随着当前市场经济的深入发展，组织之间的竞争正变得日益激烈。基于时间的组织速度竞争优势正成为低成本、差异化和集中化三种战略竞争优势之外的下一个竞争优势的来源。与此同时，组织与供应商、顾客以及其他利益相关者的关系也正在发生着悄然的变化，组织之间原来单纯的竞争性关系和一次性的买卖关系正逐渐被长期性的合作伙伴关系所替代，因此，组织与上下游合作伙伴之间的良好合作关系，正成为组织提高竞争能力、建立竞争优势的重要途径。除此之外，具有中国特色的私人关系的积极作用也正逐渐被理论界和实践者们所关注，成为组织之间提高合作、加强渠道治理和降低渠道冲突的重要工具。因此，如果能够从组织间关系机制和效率机制的交互作用出发，分析组织与合作伙伴之间正式的组织间合作关系和非正式的私人关系对组织速度竞争优势的积极作用，不仅具有重要的理论价值，而且具有极强的实践指导意义。

本书的研究内容主要包括以下几个部分：首先，通过对相关文献的归纳和总结，鉴定了研究相关的概念并建构了相应的理论基础。本书从社会嵌入理论和资源依赖理论的观点出发，认为组织间个人层面非正式的跨组织私人关系是组织的一种重要的资源，与组织层面正式的组织间合作关系是紧密嵌入的。组织中存在着效率机制、关系机制和合法性机制的共同作用，组织与合作伙伴间正式的合作关系和个人层面的跨组织私人关系对组织的速度竞争优势具有积极的促进作用。接下来，本书构建了跨组织私人关系与组织间合作关系和组织速度竞争优势之间的路径关系模型，认为跨组织私人关系不仅对组织速度竞争优势具有直接的促进作用，还可以通过提高组织间的合作关系间接影响组织速度竞争优势的建立；同时，研究还认为跨组织私人关系和组织间合作关系不同水平组合的组织在速度竞争优势上具有显著差异。最后，通过来自分销商企业的调查数据对研究相关的具体变量进行了测量和信度、效度检验，并运用统计分析方法对具体的研究假设进行了实证分析。

本书的研究方法主要采用统计分析中的回归分析、结构方程模型和方差分析等方法进行实证分析。研究首先通过理论分析和问卷开发工作完成了对跨组织私人关系、组织间合作关系和组织速度竞争优势等相关变量的鉴定和测量，在问卷收集完成后，运用探索性因子分析和验证性因子分析对测量量表进行了信度和效度检验；其次，通过层次回归分析方法验证了跨组织私人关系与组织间合作关系和分销商组织速度竞争优势整体之间的路径关系，并运用结构方程模型对其具体变量之间的路径关系进行了实证检验；最后分别运用方差分析和最优尺度回归分析方法验证了不同水平关系组合的组织在速度竞争优势上的差异性和不同特征组织在跨组织私人关系水平和速度竞争优势水平上的差异性。

经过理论分析和实证研究，本书得出了下列三个方面的研究结论：第一，跨组织私人关系通过个人信任对组织速度竞争优势产生直接的正向影响，除此之外，跨组织私人关系还通过影响组织间信任、组织间沟通和组织间协同间接影响组织速度竞争优势的建立。第二，跨组织私人关系和组织间合作关系不同水平组合的组织在速度竞争优势上存在显著差异性，双高型关系组在速度竞争优势上显著高于其他关系组，双低组则显著低于双高组和混合组，混合组在速度竞争优势上的差异不明显。第三，组织关键人员个人特征、组织特征和行业特征对跨组织私人关系水平具有一定的影响作用：跨组织私人关系水平与组织关键人员的学历、性别显著相关，组织所有制结构、规模和行业的竞争状况对跨组织私人关系水平有一定的影响，但低于个人特征的影响，在总体模型中不显著。另外，组织特征中的所有制结构、规模、运营时间，行业特征中的竞争程度对组织的速度竞争优势具有显著影响。其中，国有企业的速度竞争优势较低，个体企业则较高；规模和运营时间对组织速度竞争优势水平具有负向影响，规模越大、运营时间越长的组织，速度竞争优势水平越低；行业竞争越激烈，行业内组织的速度竞争优势水平越高，东西部地区组织在速度竞争优势的水平上并不存在显著差异。

本书的理论意义在于进一步发展了社会嵌入理论的观点，从实证的角度证明了非正式的跨组织私人关系与正式的组织间合作关系之间嵌入关系的具体表现形式，并且通过对两者与组织速度竞争优势路径关系的论证进一步阐明了关系机制与效率机制间的作用关系。研究的实践意义则在于建立了较完善的关系理论体系，明确了跨组织私人关系和组织间合作关系对于建立竞争优势的积极作用，为组织建立速度竞争优势提供了新的渠道，也为组织正确运用跨组织私人关系的积极作用提供了理论指导。

目　录

1　绪　论 / 1
1.1　**课题研究背景** / 1
1.1.1　组织间关系的变化 / 1
1.1.2　私人关系的深入认识 / 2
1.1.3　速度战略竞争观念的出现 / 2
1.2　**课题研究的目的及意义** / 3
1.2.1　课题研究的目的 / 3
1.2.2　课题研究的理论意义 / 4
1.2.3　课题研究的实践意义 / 5
1.3　**课题研究内容及研究方法** / 7
1.3.1　课题的研究内容 / 7
1.3.2　研究的技术路线和方法 / 8
1.3.3　课题的创新性 / 10

2　**文献综述** / 11
2.1　**组织间合作关系研究与现状** / 11
2.1.1　组织间合作关系的基本概念 / 11
2.1.2　相关理论 / 12
2.1.3　组织间合作关系的结构变量 / 16
2.1.4　组织间合作关系的积极作用 / 18

2.2 私人关系的研究与现状 / 20

2.2.1 私人关系相关概念 / 20

2.2.2 私人关系的结构变量 / 22

2.2.3 私人关系的作用研究 / 23

2.3 组织速度竞争优势研究与现状 / 26

2.3.1 速度竞争优势概念 / 26

2.3.2 速度竞争优势建构途径和结构变量 / 26

2.4 本章小结 / 27

3 概念模型与研究假设 / 29

3.1 理论基础 / 29

3.1.1 组织合作中不同机制作用原理 / 29

3.1.2 跨组织私人关系作用原理 / 32

3.1.3 速度竞争优势的建构原理 / 33

3.2 研究模型及假设 / 41

3.2.1 概念模型及替代模型 / 41

3.2.2 结构模型及假设 / 45

3.2.3 关系组合与速度竞争优势关系模型及假设 / 51

3.2.4 特征因素与跨组织私人关系水平关系模型及假设 / 53

3.2.5 特征因素与组织速度竞争优势水平关系模型及假设 / 58

3.3 本章小结 / 61

4 调研设计与问卷收集 / 63

4.1 研究思路与步骤 / 63

4.2 调研程序 / 64

4.2.1 调查总体确定 / 64

4.2.2 抽样方案及调研程序 / 65

4.3 问卷设计与前测检验 / 65

4.3.1 问卷设计程序 / 65

4.3.2 问卷开发与前测检验 / 66

4.4 问卷收集与样本概括 / 77

4.5 本章小结 / 79

5 数据分析与检验 / 80

5.1 描述性统计分析 / 80

5.1.1 跨组织私人关系描述性分析 / 80

5.1.2 组织间合作关系描述性分析 / 81

5.1.3 组织速度竞争优势描述性分析 / 81

5.2 探索性因子分析 / 82

5.2.1 跨组织私人关系探索性因子分析 / 82

5.2.2 组织间合作关系探索性因子分析 / 86

5.2.3 组织速度竞争优势探索性因子分析 / 87

5.2.4 信度检验 / 87

5.3 同源方差检验 / 89

5.4 验证性因子分析 / 91

5.4.1 验证性因子分析 / 91

5.4.2 效度检验 / 93

5.5 本章小结 / 94

6 概念模型和结构模型检验 / 96

6.1 概念模型的路径关系检验 / 96

6.1.1 具有中介作用的概念模型检验 / 96

6.1.2 具有调节作用的替代模型检验 / 99

6.2 **结构模型检验** / 99

6.2.1 初始模型拟合结果 / 102

6.2.2 修正模型拟合结果 / 102

6.2.3 结果分析与讨论 / 104

6.3 **本章小结** / 108

7 关系特征与速度竞争优势关系分析 / 110

7.1 **关系组合与速度竞争优势关系分析** / 110

7.1.1 聚类分析 / 110

7.1.2 关系组合与速度竞争优势方差分析 / 111

7.2 **特征因素与跨组织私人关系水平关系分析** / 114

7.2.1 变量的测量 / 114

7.2.2 分析结果与讨论 / 115

7.3 **特征因素与组织速度竞争优势水平关系分析** / 119

7.3.1 变量的测量 / 119

7.3.2 分析结果与讨论 / 120

7.4 **本章小结** / 124

结　论 / 125

参考文献 / 132

附录（问卷） / 141

致　谢 / 144

1 绪 论

1.1 课题研究背景

1.1.1 组织间关系的变化

一直以来,竞争和合作都是企业生存发展的不变主题。然而随着当前市场经济的深入发展,自上世纪80年代以来,企业与供应商、顾客以及其他利益相关者之间的关系正在发生着悄然的变化。原来单纯的竞争性关系和一次性的买卖关系正逐渐被长期性的合作伙伴关系所替代。越来越多的组织意识到组织之间的竞争已经不仅仅是单个组织之间的竞争,竞争的焦点正转化为不同组织之间甚至链条与链条(如供应链)之间的竞争,企业必须保持与合作伙伴之间良好的合作关系,才能提高自身的绩效和竞争能力[1-3]。因此,如何提高组织之间的合作关系,进而形成组织的竞争优势就成了当前理论界和实践一线不断研究和探索的一个重要课题。

在当前的对组织间合作关系的理论研究中,经济学、社会学和管理学各个学科正从不同的角度进行着不懈的探索。在经济学领域,学者们基于经济人的假设,对组织间合作关系的提升从交易成本、信息对称和组织制度的角度进行了深入的探索[4-7]。社会学领域则基于社会人的假设,从组织间人际关系积极作用的角度进行了深入探索,发现了人际关系对于组织之间获取机会、加强沟通和信任等方面的积极作用[8-12]。管理学领域的研究则主要从关系营销、渠道管理和供应链管理等角度出发,探讨了组织间的交流、信任、承诺等关系因素对于提高组织间的合作绩效、加强渠道合作以及如何降低渠道冲突和不确定性行为等方面的积极作用[3,13,14]。

不管怎样,环境的变化和研究角度的不同给组织间关系的理论和实践认识带来了不断的发展和变化。对组织间关系的认识和研究正向着深入化、多角度化发展。这也给具有深厚文化根源的私人关系理论研究带来了正式走向国际理论舞台的机会[15-18]。

1.1.2 私人关系的深入认识

随着中国经济的不断发展,中国的企业管理正逐渐成为世界管理领域的一个重要组成部分,越来越多对管理具有重要影响的中国特色元素开始被学术界所注意。中国的私人关系就是其中的一个重要代表。中国式的私人关系在中国已经存在了几千年,具有深厚的文化根源,在实践中也被或明或暗地加以运用,但是由于与腐败、"走后门"等法律和道德问题关系密切,因而一直处于尴尬的地位,理论界对其尚缺乏系统的研究。但是近年来随着学者们对供应链管理、关系营销等的深入研究以及中国市场经济与世界经济的交流和融合,具有中国文化特色的私人关系文化也逐渐引起了理论界学者们的注意,学者们开始结合经济学、社会学和管理学等各个领域的观点对其进行解释,在关系的定义、起源和作用原理方面开始有了一些新的认识[16,18]。部分学者开始区分私人关系的正向和负向两个方面的作用,并积极探讨私人关系在就业、关系营销和组织间渠道合作方面的积极作用,将其作为促进组织间合作、加强渠道治理和降低渠道冲突的重要工具[19-23]。但是当前对私人关系的研究者还局限于分析其对市场营销和组织间合作的工具作用,对私人关系的作用机理研究还不够深入,对私人关系与组织竞争优势之间的关系认识还不够清晰,缺乏深入的理论分析和实证研究,有待本书作进一步探讨。

1.1.3 速度战略竞争观念的出现

随着当前市场竞争的不断加剧,市场中原来单纯地以大鱼吃小鱼为特色的规模经济优势(低成本)和以创造产品独特价值的差异化优势竞争模式,在组织的整合壮大和产品同质化的影响下正在逐渐丧失其优势地位,组织之间的垄断竞争使得组织的规模经济优势正在逐步下降,同时组织间的相互模仿以及研发和营销等各个环节能力的加强也使得组织之间的差异化优势越来越小。因此,在这种激烈的竞争环境下,快鱼吃慢鱼的速度竞争理念就成为了组织取得新一轮竞争优势的重要发展方向,基于时间的速度竞争优势正成为组织三种基本战略竞争优势(低成本、差异化和集中化)外的下一个竞争优势的来源[24-26]。事实上,组织之间的竞争不外乎是时间、空间和力量之间的竞争,因此,组织可以通过利用时间来创建组织的竞争优势,以比竞争对手更快占领和适应市场的方式来获得领先于竞争对手的先发优势,最终赢得顾客的认同,战胜竞争对手。因此，如果可以深入研究速度竞争优势的作用原理，并与组织间的合作结合起来，从多种渠道探索影响组织建立速度竞争优势的因素将是一个具有重要意义的课题。

1.2 课题研究的目的及意义

1.2.1 课题研究的目的

本书希望结合当前社会学和管理学等各方面的理论观点，重点通过社会嵌入理论、社会资本理论和资源依赖理论的指导，将合作组织间个人层面的关键人员私人关系（以下简称跨组织私人关系①）与组织层面的员工业务合作关系（以下简称组织间合作关系）相互嵌入，探讨组织与合作伙伴关键人员之间的跨组织私人关系对于提高组织间合作、建立组织速度竞争优势方面的积极作用。具体目的如下：

1.2.1.1 探讨跨组织私人关系的作用原理

跨组织私人关系是合作组织之间参与合作活动的重要边界人员（通常是主管及以上的具有重要决策权力和影响力的核心人员，如领导、销售管理人员、厂商代表等）在工作地外的私人朋友关系[21,22,27]。按照社会嵌入理论观点，合作组织关键人员之间的私人关系是和组织间的合作关系相互嵌入的。同时，结合社会资本理论和资源依赖理论观点，组织间人际关系可以成为组织间交换信息和建立竞争优势的重要来源。因此，本书希望具体分析组织与合作伙伴关键人员的跨组织私人关系对于提高组织间信任、沟通和协同以及组织速度竞争优势之间关系的作用原理。

1.2.1.2 分析组织速度竞争优势的作用原理和影响因素

组织速度竞争优势是指组织以一种比竞争对手更快生产或者更快应对环境变化、满足顾客需求的竞争能力[25]。然而当前的研究文献对于组织速度竞争优势的作用原理，以及影响组织建立速度竞争优势的相关因素还缺乏深入的研究，本希望在分析组织速度竞争优势作用原理的基础上，提炼出影响组织速度竞争优势的因素，为研究跨组织私人关系与组织速度竞争优势之间的关系奠定理论基础。

---

① 由于关键人员是组织间进行交流和决策的重要人员，在组织中具有重要的影响力和推动作用，因此，本书的跨组织私人关系限定在主管以上的关键人员的私人交往关系。

1.2.1.3 建立跨组织私人关系与组织间合作关系和速度竞争优势之间的关系模型

在分析了跨组织私人关系作用原理的基础上，本书希望从个人层面和组织层面建立具有中国文化特色的跨组织私人关系与组织间合作关系和组织速度竞争优势之间的路径关系模型，并希望通过对我国东西部地区的分销商关键人员进行问卷调查，运用结构方程模型的 LISREL8.70 分析软件进行实证分析，以验证模型假设关系的正确性。

1.2.1.4 分析不同关系水平（关系强弱）组合的组织在速度竞争优势上的差异

在现实生活中，由于法制和监督体制的不够完善，私人关系常常被道德水平低下、甚至不法人士不合理利用，因而常与败德或违法行为相联系。同时，由于私人关系的建立和维持也需要时间、精力甚至金钱的投入，因此出于价值观念和成本的考虑，不是每个组织都会选择与合作伙伴之间建立跨组织私人关系。同时，现有研究对私人关系水平高低所起到的作用也还存在争论，认为强弱关系具有不同的作用。因此，在现实中，组织在跨组织私人关系和组织间合作关系的选择和建立上常常也存在着不同水平的关系组合。然而，不同水平关系组合组织在速度竞争优势上是否存在显著的差异，有待进行深入的实证研究。本书希望通过聚类和方差分析对不同水平关系组合的组织在速度竞争优势上的差异进行比较研究，以便进一步判定跨组织私人关系的积极作用，为跨组织私人关系和组织间合作关系的建设和选择提供科学的理论依据。

1.2.1.5 分析关键人员个人特征、组织特征、行业特征和地域特征几方面因素对跨组织私人关系和组织速度竞争优势水平的影响

组织应该将跨组织私人关系和速度竞争优势维持在什么水平，当前的研究还缺乏深入的理论和实证研究。因此，是否可以从实践中组织关键人员的个人特征、组织的特征以及组织所在行业和地域特征几个方面来探讨相关因素对跨组织私人关系和组织速度竞争优势水平的影响，是一个很有意义的课题。因此，本书希望运用最优尺度回归分析进一步分析组织关键人员的个人特征变量、组织特征变量、组织所在行业特征变量和地域变量对跨组织私人关系和组织速度竞争优势的影响，为实践中跨组织私人关系水平的选择和速度竞争优势的建立提供理论依据和指导。

1.2.2 课题研究的理论意义

格兰诺维特（Granovetter）的社会嵌入理论认为长期的经济关系必然导致

社会关系的产生[8,9]。而中国历来就是一个重视诚信、注重商业信誉和长期关系取向的国家，个人之间的交往注重情感交流、互惠往来，私人关系是商业实践活动的一个基础性变量[20,22]。因此，组织之间的商业交往常常是和个人信誉相结合的。组织成员通常将关键决策人的个人信誉与组织之间的交流、合作相联系，即将个人之间的私人交往关系与组织之间的业务合作关系相结合，建立一种紧密的、混合的长期合作关系。然而，过去的研究很少去将组织个人特别是关键人员之间的私人关系和组织之间的合作关系从个人和组织、正式和非正式的角度来进行研究。因此，本书的理论意义之一就是希望将具有中国文化特色的组织间关键人员的跨组织私人关系与组织层面的组织间合作关系进行相互嵌入，进而从组织间信任、沟通和协同的角度来探讨跨组织私人关系对于组织间员工业务合作行为的激励和约束作用，为分析跨组织私人关系对组织合作和速度竞争优势的积极作用奠定理论基础。

另外，速度竞争优势是当前竞争战略的一个新的发展方向[24]。然而，当前的理论研究还缺乏对速度竞争优势的深入认识，同时对于影响组织建立速度竞争优势的因素也还缺乏深入研究。因此，本书的第二个理论意义是希望将组织间关键人员的跨组织私人关系和组织间合作关系与组织速度竞争优势的影响因素进行结合，以证明组织间的关键人员的跨组织私人关系和组织间合作关系是组织建立组织速度竞争优势的外部途径之一；并且分析跨组织私人关系对于分销商组织速度竞争优势的直接和间接作用，建立相应的结构路径模型，从理论上证明跨组织私人关系在组织间合作中的积极作用以及具体的变现方式。

由于建立组织间边界人员特别是关键人员之间的私人关系并不是每个组织的必然选择。在中国的社会文化环境下，由于私人关系容易与一些违背原则，甚至法律、法规的违法败德行为相关联，因此不是每个组织都会选择利用私人关系的积极作用。理论界也缺乏具体的实证研究证明单纯依靠私人关系或正式合作关系以及两种关系综合运用的组织在速度竞争优势上是否具有显著的差异。因此，本书的另一理论意义还在于希望运用聚类分析将当前组织按照跨组织私人关系和组织间合作关系水平分成了双高（高跨组织私人关系—高组织间合作关系）、高—低、低—高和双低四种关系类型，并通过单因素方差分析分析四个关系组别的组织在速度优势上是否具有显著差异，证明跨组织私人关系是组织的重要竞争资源，并且有利于组织提高在市场中的速度竞争能力，达到形成竞争优势的目的。

1.2.3 课题研究的实践意义

在当前的市场竞争和管理实践中，供应链管理、客户关系管理、关系营销等当前各个企业或组织不断强化的热点问题，都和组织间的业务合作关系以及个人之间的私人关系紧密相关。因此，如何有效和合理地利用具有中国文化特色的私人关系来帮助组织建立超越竞争对手的竞争优势，具有重要的实践意义。同时，在当前激烈的市场竞争中，互联网、软件、服装、物流等许多行业的组织都需要在速度上领先竞争对手，从产品的设计、研发到产品的运输、销售等各个环节都需要比竞争对手更快地占领和适应市场。然而，现有的理论和实践运作多注意从组织内部加强管理，通过提高研发、生产和销售各个环节来提高组织的速度，很少考虑将组织与外部合作伙伴之间个人和组织层面的沟通和协调作为提高企业速度竞争优势的重要渠道。因此，本书的实践意义主要在以下两个方面：

1.2.3.1 为组织间建立速度竞争优势提供新的渠道

从社会资本理论和资源依赖的角度出发，社会关系是组织的一种重要资源。因此，要建立良好的组织间合作关系，进而提高组织的速度竞争优势，除了组织间正式的业务合作手段之外，组织间关键人员的跨组织私人关系也可以是组织提高速度竞争优势的重要手段。跨组织私人关系不仅可以直接提高组织的速度，还对组织间的合作具有积极意义。因此，可以利用跨组织私人关系从个人和组织两个方面促进组织速度优势的提高，因为跨组织私人关系的关键人员之间具有良好的情感信任。同时，关键人员在组织中具有影响和决策作用，他们之间的交往和行为遵循互惠互利的对等原则，因此，可以为组织提供一条具有个人信任基础的沟通和协同渠道，成为组织提高速度竞争优势的重要工具。所以，对于实践中的企业或组织而言，除了从正式渠道的沟通、协同来建立起组织间良好的合作关系和速度竞争优势外，通过非正式的跨组织私人关系渠道，也是一条行之有效的重要渠道。

1.2.3.2 促进组织私人关系选择信心

由于私人关系的积极作用一直缺乏理论的支撑和科学的论证，所以私人关系在当前的市场环境下一直处于或明或暗的应用之中，常常和不道德甚至违法行为相关联，因此私人关系常常被人们所误解，其积极作用一直不能得到正确的认识。实践一线对于私人关系的积极作用也缺乏客观而清晰的认识，因而在是否选用跨组织私人关系以及如何与组织间合作关系进行组合方面犹豫不决。因此，本书的另一实践意义就希望通过比较跨组织私人关系和组织间合作关系不同水平组合的组织在速度竞争优势上的差异性，为组织之间的关系选择提供有力的支撑。希望证明单纯依赖私人关系或组织间合作关系的组织在速度竞争优势上是否处于低等水平，而既重视关键人员跨组织私人关系、又重视组织间合作关系的双高组织在速度竞争优势上是否最高。研究的结果希望能对具体的关系选择提供指导作用，不仅从理论上分析组织合作关系和跨组织私人关系的作用原理，还从实证的角度为企业的关系选择和组合提供指导依据，达到帮助组织合理运用正式的组织间合作关系和非正式的跨组织私人关系的积极作用。

1.3 课题研究内容及研究方法

1.3.1 课题的研究内容

本书拟从供应链渠道合作组织中的下游分销商与上级供应商个人层面的关键人员跨组织私人关系和组织层面的组织间合作关系入手，探讨组织与上级供应商的跨组织私人关系对于组织间合作关系和组织速度竞争优势的积极作用，并通过实证分析探讨跨组织私人关系与组织速度竞争优势的直接和间接作用。研究的主要内容包括对跨组织私人关系、组织间合作关系、组织速度竞争优势进行概念识别和测量，分析跨组织私人关系的积极作用原理，建立跨组织私人关系对于组织合作和速度竞争优势之间的路径关系模型并进行实证分析，进一步探讨不同水平关系组合的组织在速度竞争优势上的差异以及影响跨组织私人关系和速度竞争优势水平的个人、组织、行业和地域特征因素。具体内容如下：

1.3.1.1 分析跨组织私人关系的作用机理

跨组织私人关系是一种具有中国文化特色的个人交往关系，尽管当前已有一些文献在研究私人关系的特征和积极作用，然而对于关键人员的跨组织私人关系与组织间合作、建立组织竞争优势的作用原理却缺乏深入的分析。因此，本书希望结合经济学和社会学对组织间合作和社会人际关系原理的研究和探索，抓住私人关系的具体特征，从私人关系的情感利益特性、关系契约特性以及关系网络特性等几个方面分析跨组织私人关系对于组织间合作关系和组织速度竞争优势的积极作用。

1.3.1.2 分析组织速度竞争优势的影响因素

组织速度竞争优势是组织竞争能力的重要指标。企业或组织之间的竞争通常是时间、空间和力量之间的对比，基于时间的速度竞争可以是企业的竞争战略，也可以是其他竞争战略的战术指标。然而，不管是战略还是战术层面的速度竞争优势，都是组织赢得先发优势和战胜竞争对手的重要竞争手段之一。然而，当前的研究对于速度竞争优势的原理和影响组织建立速度竞争优势的因素缺乏还深入的认识，因此，本书希望从速度理念、速度基础和速度系统三个方面分析影响组织速度竞争优势建立的因素，并从中总结出跨组织私人关系对于组织速度竞争优势的积极作用原理。

1.3.1.3 建构跨组织私人关系与组织间合作关系和组织速度竞争优势的路径关系模型

从组织的内外部边界来说，跨组织私人关系是组织与外部合作伙伴之间的边界关系。通常对于速度竞争优势的影响因素分析局限于从组织自身内部的流程环节进行考虑，如希望组织建立快速的研发、生产和销售系统等。而边界人员私人关系这种与组织内部因素具有关联特性的变量如何影响组织之间速度竞争优势，需要结合跨组织私人关系的作用原理，从跨组织私人关系的直接作用和间接作用方面进行深入探讨。因此，本书的重点内容之一就是对跨组织私人关系与速度竞争优势之间的影响关系从直接作用和对组织间合作关系的间接作用方面进行分析和论证，为组织间速度竞争优势的建立提供理论基础。

1.3.1.4 分析不同关系水平组合组织在速度竞争优势上的差异性

由于在中国当前的市场环境下，不是每个合作组织间都会选择建立关键人员的跨组织私人关系，同时理论界和实践一线对于跨组织私人关系的水平高低的具体作用缺乏科学的证据，因而很多合作组织出于多种原因只重视组织间正式合作关系的建立，忽视个人关系特别是关键人员私人关系的建立。因此，本书希望对跨组织私人关系和组织间合作关系不同水平组合的组织在速度竞争优势上的差异性进行比较分析，进一步证明跨组织私人关系对于组织建立速度竞争优势的积极作用。

1.3.1.5 分析特征因素对跨组织私人关系和组织速度竞争优势水平的影响

探讨组织关键人员的个人特征、组织的特征以及组织所在行业和地域特征几个方面相关因素对跨组织私人关系和组织速度竞争优势水平的影响，是一个很有意义的课题。因此，本书希望运用最优尺度回归分析进一步分析组织关键人员的个人特征变量、组织特征变量、组织所在行业特征变量和地域变量对跨组织私人关系和组织速度竞争优势的影响，为实践中跨组织私人关系水平的选择和速度竞争优势的建立提供理论依据和指导。

1.3.2 研究的技术路线和方法

本书采用以问卷调查为主的横截面研究设计，测定调查对象在某一时点的变量水平，进而通过结构方程模型判定各个变量之间的路径关系。

在问卷样本的收集与分析上,本书选取了汽车、家居装饰、服装、食品饮料等不同行业进行调查,调查的对象选择了与上级供应商有工作关联的分销商组织的关键人员(主管以上级人员)进行抽样,希望通过样本探索合作组织关键人员的跨组织私人关系和组织间合作关系,以及组织的速度优势之间的路径关系,进而通过结构方程模型验证跨组织私人关系与组织间合作关系和速度竞争优势相关变量之间的路径结构关系。

在分析步骤和手段上,本书采用了定性和定量结合的研究方法。为了保证研究具有科学性(即在保证研究工具具备信度与效度的前提下,能够精确而科学地反映研究问题)。因此,本书采用了如下研究步骤和方法,见图1-1。

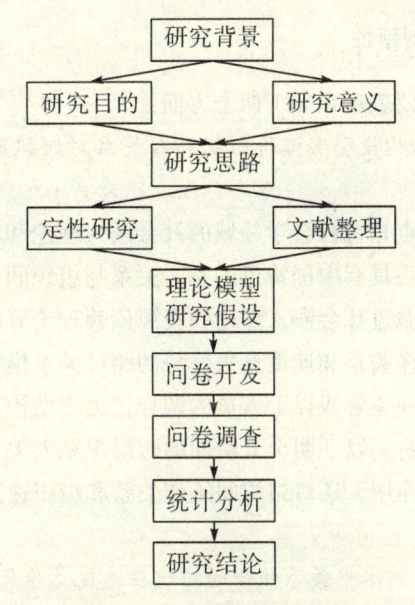

图1-1 研究的技术路线

首先,基于研究的问题、研究背景和研究假设,本书广泛收集并整理了国内外关于私人关系、供应链关系、关系营销、组织间合作关系和速度竞争优势等多方面的重要文献,在细心阅读和整理的基础上归纳形成了跨组织私人关系和组织速度竞争优势之间相互关系的理论基础,并进一步构建了跨组织私人关系与组织间合作关系和速度竞争优势等变量之间的结构路径模型。

其次,本书采用了与理论界和实践一线相关专家深度访谈和交流的方法,探索相关理论以及模型关键变量之间路径关系的准确性。同时文章采用了内容分析法来归纳相关资料,构建了问卷各个关键变量的题项指标,形成了具有内容效度的问卷测量工具。在完成问卷的编制之后,我们通过对宜宾地区的分销商主管人员的调查，对问卷进行了前测和再测分析，确保了问卷具有测量信度。

在理论模型和前测检验的基础上，接下来的工作就是通过大规模问卷调查收集正式数据验证模型的准确性。本书的问卷样本选择了中国中西部地区装饰建材、服装、机械汽车、食品饮料和电器等几个具有代表性行业的分销商进行抽样调查，问卷回收完成后，通过验证性因子分析来验证跨组织私人关系、组织间合作关系和速度竞争优势等各个关键变量测量的有效性，同时通过结构方程模型来对理论模型进行检验和修正。最后，对统计分析结果进行解释，阐明了研究结果的理论和实践含义，并指出研究的局限和未来的研究方向。

1.3.3 课题的创新性

本书的创新性主要表现在如下两个方面：

1.3.3.1 通过结构模型实证跨组织私人关系对组织速度竞争优势的作用关系

本书的一个创新点是将社会学领域的社会嵌入理论和管理学的竞争战略和竞争优势进行结合，将具有中国特色的私人关系与组织间合作关系和组织速度竞争优势联系起来，通过社会嵌入理论和资源依赖理论等的指导，建立跨组织私人关系与组织间合作关系和速度竞争优势的路径关系模型，并希望通过对我国中西部地区的分销商主管级以上人员的调查，运用结构方程模型（SEM）对研究假设进行实证分析，以证明个人层面的跨组织私人关系不仅对组织的速度优势具有正向的直接作用，还对组织间工作关系和组织速度竞争优势的提高产生间接的推动作用。

1.3.3.2 验证不同水平关系组合的组织在速度竞争优势上的差异性

基于价值观念和成本考虑，不是每个企业都会选择建立私人关系。因此，本书的另一个创新性表现在希望通过聚类和方差分析进一步探索跨组织私人关系与组织间合作关系不同水平组合的组织在速度竞争优势上是否具有显著差异，如果研究结果具有差异显著性，则可以证明单纯跨组织私人关系和组织间合作关系以及混合型关系在组织中的不同作用，为组织的关系选择提供理论依据。

2 文献综述

本章主要是对与本书相关的理论和实证研究成果进行回顾与总结，为进一步形成研究课题的理论基础和研究假设奠定基础。本章的内容主要包括：组织间合作关系、私人关系、组织速度竞争优势的研究现状分析和总结。

2.1 组织间合作关系研究与现状

2.1.1 组织间合作关系的基本概念

关于组织间合作关系的概念，不同学科之间存在着不同的认识差异。经济学领域的观点更多将组织之间的合作看成是一种正式的经济利益交换关系，即组织之间是以正式协议为基础而建立起的共享信息、共担风险、共同获利的协议关系[28,29]。也有观点认为组织间关系是一种包含社会关系在内的契约关系。如李焕荣以及陈信康认为组织间关系是组织间重复式的相互作用和交易过程，以及一系列持续性的社会关系集合，因此是一种正式和非正式的合约关系[30]。高维和以及陈信康认为组织间关系是一个不断演进的契约关系，包括正式契约、关系契约和心理契约[31]。而王晓玉和晁钢令则将组织间关系看做是与私人关系相对的一种法律契约关系[23,27]。

综合以上观点我们可以发现，当前对组织间合作关系的研究，经济学领域的观点是从经济人假设和组织整体角度出发的，个体在组织中的地位和作用基本被忽略了，因而考虑的都是组织整体之间的业务合作关系或利益关系。而与社会学有关的研究观点则将组织看成是由微观的个体所组织的整体，个体是具有情感和社会关系的社会人，因而组织间的合作关系也具有个体和群体间社会关系的特征，因而组织间合作关系是一系列正式和非正式合约关系构成的利益和情感关系。基于上述观点，为了将组织整体关系和个人关系进行分层和区别研究，本书将组织间合作关系定义为组织整体之间在工作场所内所发生的基于正式契约的一种相互协作、相互配合的互惠合作关系，是一种正式的组织层面工作关系，区别于组织个体之间工作地外的非正式人际交往关系。

2.1.2 相关理论

关于组织间的合作关系的理论，不同学科之间存在着不同的认识。经济学领域关注的是如何从交易成本、信息对称以及组织制度的角度来降低交易的成本或者机会主义行为，使得组织之间的合作能够得到有效的贯彻和执行，组织双方的利益能得到有效的保证。而社会学领域则比较关注社会结构和人际关系在经济活动中的地位和作用，认为社会人际关系通过对信息、信任和奖惩的获取而对经济行动产生重要影响[8,9,32]。管理学领域的理论则多从关系营销和供应链合作等实际应用角度探讨哪些因素可以提高双方的合作绩效或建立组织的竞争优势[13,33,34]。

2.1.2.1 经济学相关理论

在经济学的理论观点中，个体在组织中的社会地位和角色等社会属性基本被忽略了，是低度社会化的经济人[8]，人际关系在组织交易中的作用很少得到体现，组织之间合作关系通常是基于组织整体的利益进行分析的。组织中的所有个体都被假设为追求利益最大化且有限理性的经济人，在面对交易的复杂性和不确定性时，都具有机会主义倾向，因而在组织合作中容易出现难以预知的违背道德和契约的行为，增加交易成本，影响组织之间的长期合作。所以经济学领域的相关的理论基本都是以此为基础来探讨如何提高组织间合作绩效的。

（1）贸易成本理论

贸易成本理论从成本和收益的角度将组织之间的合作看成是由一系列成本（如交易对象的寻找、选择成本，合同建立中的起草、谈判成本，合同后的机会主义成本）等构成的交易活动[6,35]。组织之间的交易活动受到下列因素的影响，即组织中的个体是追求利益最大化且有限理性的经济人；交易存在复杂性和不确定性时；个体都具有机会主义倾向（如隐瞒信息、欺骗等难以预知的违背契约的行为）；组织之间的交易活动不是市场机制决定的自由选择的多数现象，而是一种双边关系或相互依赖的少数现象[6,36]。因此，在组织间的合作中，组织容易出现因为追求自身利益最大化而不顾合作对象利益的机会主义行为，导致交易的协调成本和监督成本增加，影响双方的合作效率以及长期合作。因此，威廉森（Williamson）认为投入专用资产是降低投机行为和交易成本的重要手段，组织间专用资产的投入实现了双方的利益绑定和相互依赖，有利于提高双方的算计性信任，可以提高合作努力，并进一步提出组织可以通过制度建构（即采取合同）或者私有次序的建构来防止降低投机行为，降低交易成本，提高组织间的合作绩效[4, 6, 36, 37]。

（2）信息对称理论

信息经济学的观点认为组织间的活动可以分为合同前的合作伙伴选择问题和合同后的内部协调问题[5, 36]。从信息对称角度看，合作一方会根据自身拥有的私人信息来达成自己的私利，损害另一方的利益，这就是合同前的"逆向选择"的问题，如隐藏对自身不利的信息等。合同签订后则会面临隐藏各自变化的道德风险问题，即通过不对称的私人信息，采取机会主义行为获取私利[36]。因此，要建立组织之间的良好的合作，如何实现双方良好的信息公开和沟通的机制是解决问题的关键，即建立一种基于信息的监督和激励机制[5, 36]。组织之间可以通过建立正式、非正式合同或组织设计来解决信息对称的问题，如采用关系合同的方式弥补正式合同的不足，即合作双方建立合作关系后给双方设置弹性的空间，提高双方的协调空间。同时组织之间也可以通过隐性合同（即共同认可的社会文化规范、心理契约）方式来建立双方的激励和约束机制。组织通过组织结构和制度的设计使得交易双方可以通过重复交易建立信誉制度，也可以使交易双方逐步形成信息对称，降低交易中的机会主义行为[36, 38]。

（3）合法性理论

制度主义学派理论强调"合法性"机制的重要性，认为社会的法律制度、文化规范、观念制度等已成为人们广泛接受的事实，因而对组织和个人的行为具有强大的约束力量，有利于规范人们的行为。这些正式和非正式的制度和规范构成了组织和全体的制度环境，诱使或者迫使组织采取符合这些制度规范的组织结构或者行为[36, 39]。制度主义学派认为这些合法性机制可以在不同的行业或领域发生作用，产生出不同的行为准则，如教育与商业行业的人际关系可能维系着不同的规则[36]。从制度学派的这种合法性理论我们可以看到组织之间的合作形式事实上受着正式和非正式制度的约束。组织间正式的契约和管理制度可以利用法律等第三方约束手段保证组织间合作和交易的实行，同时非正式的文化、社会规范作为一种大家不得不接受的"理性的神话"，同样可以起到建立一种制度环境，进而规范和约束组织双方行为的作用。组织间的关系事实上也是一种应该符合制度和规范的契约关系。

2.1.2.2 社会学相关理论

相反，社会学领域的理论则多从社会人的假设出发，对人们在社会交往中形成的人际关系及其作用进行了较为深刻的探讨，社会学领域的观点认为社会行为规范和人们在社会网络中的位置对人们的行为具有激励或者约束功能[36]，并根据认识的角度不同而提出了不同的理论观点。

(1) 社会交换理论

社会交换理论认为人们之间的社会关系本质上是一种交换关系，人们的生活就是一系列互利的社会交换活动，双方交换的不仅是产品、服务和金钱等外在物质报酬，还包括乐趣、信息、地位、爱、感激等内在精神报酬[35,40,41]。克罗潘扎诺（Cropanzano）和米切尔（Mitchell）通过对社会交换理论相关文献的总结得出：交换的原则包括互惠、协商以及理性、利他、地位对等和群体利益，人与人之间的社会交换关系还应与工作地的协商和组织的群体利益相结合，因为交换关系会影响组织和人与人之间的信任、承诺、领导与成员的关系以及团队对组织的支持[42]。社会交换理论主要是希望解释人们的行为和社会结构、社会网络和合作群体的关系，许多研究的焦点主要关注人们之间究竟是应该选择合作还是竞争[35]。

(2) 社会嵌入理论

格兰诺维特（Granovette）的社会嵌入理论属于经济社会学领域社会网络学派的理论观点。格兰诺维特在社会交换理论和经济学贸易成本理论的基础上将人们之间的关系分为社会关系和经济关系，认为长期的经济关系必然伴随成员的社会关系。他认为贸易成本理论的观点缺乏对人的社会性考虑，认为人是没有任何社会关系和社会身份的经济人，对人们行为的解释存在"低度社会化"的倾向。同样"过度社会化"的观点认为人们只是按照自己的社会角色来选择自己的行为，所以这两种取向都有问题[8,9,36]。因此，格兰诺维特认为人们的经济行为与个体的社会关系有重要的关系，不同于经济学观点的人们是追求效率最优而行动的理由，以及制度学派的人们是因为遵守合法性逻辑而行动的理由。他认为人们的行为会因为自己的社会关系和在关系网络中的位置而不同，成员社会关系是和组织以及个体的经济关系紧密嵌入的，对人们的行为同样具有激励和约束的功能[36]。他同时认为，社会关系的强弱以及人们在社会网络中的结构位置可以影响人们对信息、信任以及奖励和处罚的获取，并重点提出了弱关系的概念以及弱关系对获取求职信息的作用[8,36]。

(3) 社会资本理论

林南等的社会资本理论从社会网络的功利角度提出人们之间的社会关系是一种资本，人们可以利用这种关系网络获得社会地位或利益，并进一步解释了人们是如何发展和利用这些关系网络获得社会资源和社会地位的[11,43]。如乌西（Uzzi）和边燕杰等就分别通过中国和美国市场环境的实证分析证明了关系网络的这种功利作用。边燕杰通过对中国和新加坡的实证研究证明了人际关系网络对于求职和工作升迁的积极作用[12,44]；乌西则证明了在美国环境文化下企业与银行之间的社会关系网络有利于以较低的价格获得银行贷款，并且指出网络的亲密型和疏远型结合的互补性网络更有利于获得低成本的贷款[32,36,45]。

（4）结构洞理论

伯特（Burt）结构洞理论延续了社会资本理论的网络功利性观点，认为有网络的人和没网络的人得到的信息是不一样的，信息的时间性和丰富性也与网络有关，网络还具有推荐作用，网络中的关系伙伴可以帮助获得更多的关系连接[36]。同时关系网络也是一种投资，需要考虑网络的效率和产出绩效，结构洞理论认为不重复的网络和信息最有效，一个人的关系网络多多益善[10,36,46]。

2.1.2.3 管理学相关理论

管理学研究领域研究的重心主要集中于如何提高供应链上下游组织（B-B）之间的合作关系；以及市场营销中卖方与顾客之间（B-C）的关系。在上下游组织关系的研究中，学者们主要是对上下游合作组织的渠道关系如供应关系、分销关系、关系质量等进行了深入研究，一些与组织间关系质量、组织合作、组织绩效、竞争优势等方面的相关变量如信任、承诺、满意、交流、权力、依赖、冲突、机会主义行为等得到了广泛的研究[13,47-50]。

在管理学领域的相关理论中，信任—承诺理论、资源依赖理念是一种典型的代表。

（1）信任—承诺理论

信任—承诺理论是摩尔根（Morgan）和亨特（Hunt）从关系营销的角度而提出的影响组织间合作关系的理论。摩尔根和亨特认为关系营销就是旨在建立、发展和维持成功关系交换的营销活动[13]。关系可以分类为与供应伙伴、平行合作伙伴（竞争者、非营利组织、政府）、购买伙伴（中间顾客、终端顾客）以及内部合作伙伴（分公司、职能部门和员工）之间的相互关系。同时通过对美国汽车轮胎零售商的调查实证分析认为，信任和承诺是影响组织之间关系营销活动的中间变量，共同的价值观、交流和机会主义行为会影响组织间的信任，信任则有利于提升组织间的合作、激发功能正常的冲突，降低不确定性行为。承诺则受到转换成本、关系收益和共同价值观的影响，有利于提高组织间认同和合作，有利于降低离开的倾向[13]。

（2）资源依赖理论

资源依赖理论认为几乎没有一个组织是可以资源自给自足的，因此，组织必须从环境中获得所必需的资源，这些环境就包括其他组织。组织的生存和发展是建立在控制自己与其他组织关系的基础之上的，组织之间常常产生竞争性或共生性的相互依赖[51,52]。然而，对别的组织的依赖也会因为信息不对称而产生不确定性问题，因此，资源依赖理论认为组织之间长期的紧密关系是解决不确定性问题和管理依赖的重要手段，同时资源依赖理论的一个焦点主要关注个人关系的作用[35]，如姚小涛等认为中国的私人关系可以是组织成长中的一种关系依赖[52]。

2.1.3 组织间合作关系的结构变量

当前关于组织间关系结构变量的研究文献较多，研究的角度基本上是从关系质量、绩效的影响因素等方面进行研究。其中组织间关系质量方面的研究，主要是评价关系双方关系水平的高低或者关系的强弱程度，涉及组织间关系互动的过程和结果，因而判定关系质量高低的结构变量很多就构成了组织间合作关系的结构变量。哈克逊（Hakansson）认为组织间关系是由适应性、交流、合作等结构变量构成的关系氛围[53]。克罗斯比（Crosby）等分析了销售过程中的服务中关系的特征和因果关系，从顾客的角度认为销售方的信任和满意是构成关系质量的重要成分[54]。摩尔根和亨特在《关系营销的信任—承诺理论》文章中，通过对美国汽车轮胎零售商的调查实证分析以及与配对模型比较，提出了信任是承诺的前提，信任和承诺是影响零售商组织与其供应商之间关系营销活动的中间变量，信任有利于提升组织间的合作、激发功能正常的冲突，降低不确定性行为，承诺则有利于提高组织间的认同和合作、降低离开的倾向[13]。莫尔（Mohr）和斯皮克曼（Spekman）基于120个计算机制造商和分销商的合作关系研究，认为伙伴关系应该是相互依赖的战略伙伴之间分享竞争性目标、互利和高层次的相互依赖关系，并指出成功的伙伴关系特征变量应该包括承诺、合作、信任、交流、参与和冲突解决[55]。同样，威尔逊（Wilson）和解崔拉（Jantrania）认为成功的组织间关系具有七个特质，分别是目标一致、信任、满意、投资、结构关连、关系连结和关系水平[56]；佳匹（Jap）等则认为共同的目标、一致的能力和信任是构成组织双方关系水平的因素[57]。瑙德（Naude）和巴托（Buttle）则通过回顾以前对关系质量维度的研究，认为信任、满意、协同、权力和利益是衡量关系质量的重要维度[50]。法因斯（Fynes）等则在综合摩尔根和海德（Heide）等人的关系质量结构变量的基础上认定供应链关系质量中的结构变量包括信任、承诺、交流、合作、适应性、交互性，并通过对爱尔兰电子行业的实证分析发现供应链关系质量影响设计质量和一致性质量进而影响顾客满意度；供应链关系质量与需求、技术和供应的不确定性共同影响供应链的绩效[14,35,58]。国内学者吴增源等在研究信息技术能力、企业间关系对企业绩效的影响关系中将信任、承诺和依赖作为组织间关系的衡量维度[29]；叶飞和徐学军在研究供应链伙伴特性、伙伴关系与信息共享的关系中将信任和承诺作为组织间伙伴关系的衡量维度[59]。综合以上研究中提到组织间关系的相关变量，文献具体内容见表2-1。

综合以上组织间合作关系的结构变量可以发现，现有文献对于组织间合作关系的建构主要是从组织双方的心理认同、行为参与以及外显状态上来反映的。其中信任、期望、满意、承诺等主要反映了合作双方在内心中对对方的评价和信心，是组织双方的一种内心尺度和感受。而交流、合作、共同解决问题、冲突等则反映了合作双方在行动上的互相配合程度，是基于心理的外显行为。而组织之间的互依性、权力、适应性等则是对双方合作的客观条件或状态形式的评价，是一种基于客观条件或状态的视角。

本书从社会心理学的观点出发，认为组织间合作关系是组织双方的基于利益合作而在工作中互相配合和协作的正式合作关系。关系中既包括组织员工整体之间在工作中的协同和配合行为，还包含了组织员工整体之间的心里认同。组织间信任就是这种内心认同的最重要体现，是组织间合作行为的最重要心理前提，反映了组织双方的相互认同和行为预期。而组织间在行动上的积极沟通、协同配合则反映了组织间的关系合作行为。因此，组织间的合作关系可以从组织间的信任、沟通和协同三个方面进行衡量。

表2-1　　　　　　　　　组织间合作关系文献相关变量

作者和来源	变量
Crosby et al.[54]	信任、满意
Morgan & Hunt[13]	信任、承诺
Mohr&Spekman[55]	信任、承诺、合作、交流、合作解决问题
Wilson&Jantrania[56]	信任、满意、目标一致、投资、结构关连、关系连结、关系水平
Jap[57]	信任、冲突、关系持续期望、脱离
Naude&Buttle[50]	信任、满意、合作、权力、利益
Brian Fynes et al.[58]	交流、信任、承诺、适应性、合作、互依性
Brian Fynes et al.[35]	信任、交流、合作、适应性

表2-1(续)

作者和来源	变量
吴增源等[29]	信任、承诺、依赖
叶飞和徐学军[59]	信任、承诺

2.1.4 组织间合作关系的积极作用

关于组织间合作关系的积极作用，现有的研究文献主要集中于分析关系对于单个组织、组织双方甚至整个上下游链条（供应链）的影响，产生的结果包括影响关系结构变量之间的相互关系（如信任与合作之间的关系等）、竞争优势、组织绩效和供应链绩效。如纳拉辛汉（Narasimhan）和金（Kim）通过对日本和韩国企业的实证分析发现企业与顾客和供应商的合作关系与企业绩效的正向关系显著[1]；Fynes等通过对爱尔兰电子企业的实证研究发现供应链关系质量与供应链绩效、顾客满意度关系显著，即组织间的信任、承诺、合作、交流、适应性和互依性影响供应链绩效、质量绩效和顾客满意度[14,35,58]。李（Li）等通过对美国企业的实证分析，发现供应链实践中的战略供应关系、顾客关系、信息分享程度和信息质量对提高组织竞争优势和组织的绩效有直接影响[33]。陈（Chen）等通过对美国221个企业供应链上游关系的分析发现生产商与供应商的战略购买关系有利于与供应商保持公开的交流和长期合作关系，并进而影响企业对顾客的反应速度和企业绩效[2,34]。克劳斯（Krause）等认为供应链组织之间的长期合作关系对于提高企业绩效具有积极作用，并通过对美国企业的分析发现与供应商的长期关系承诺、价值目标感知以及关系资本累积对提高企业业绩有显著影响[3]。另外，还有文章提到与供应链伙伴的交流、长期导向、合作、信任等都会影响到组织甚至整个供应链的绩效，具体内容包括成本、质量、送货时间、可靠性、弹性、选择成本、质量、送货和弹性等相关内容和变量[60,61]，见表2-2。

表2-2　　　　　　　　　组织间合作关系及其作用

作者和来源	关系形式或变量	作用
Stanley&Wisner[60]	合作关系	合作的买卖关系影响购买服务质量，进而影响外部顾客服务质量

表2-2(续)

作者和来源	关系形式或变量	作用
Handfield & Bechtel[34]	买方依赖、信任	信任与供应链反应速度正向相关，买方独立与信任和供应链反应负相关
Narasimhan&Kim[1]	内部整合、外部整合	内外部整合都会影响企业绩效
Prahinski& Benton[62]	供应商评价、交流策略、双方关系、供应商承诺、绩效	买方和卖方的关系与供应商评价影响供应商承诺和绩效
Chen et al.[2]	购买策略、交流、长期导向	战略购买可以促进与供应商的交流和长期关系，减少供应商数量，进而增加企业绩效
Li et al.[33]	战略供应伙伴、顾客关系、信息分享程度和质量	这些变量影响竞争优势和供应链绩效
Li et al.[63]	供应链管理实践变量	这些变量影响运输可靠性和产品上市时间
Krause et al.[3]	供应商开发、承诺和社会资本（认知资本、结构资本和关系资本）	将关系联系视为结构资本，关系强度视为关系资本，影响买方绩效的提高
Fynes et al.[35]	关系质量（交流、信任、适应性、合作）	关系质量与技术、环境和供应的不确定性共同影响供应链绩效
Fynes et al.[58]	关系质量（交流、信任、适应性、合作、承诺、互依性）	关系质量影响设计质量进而影响顾客满意

从上述文献的研究看，组织间的合作关系产生的作用主要在形成组织或整体之间的财务绩效、时间绩效以及组织的适应能力方面。财务绩效主要反映了组织在成本、收益上面的变化。时间绩效主要反映了组织在生产、营销、物流等各方面的速度。弹性和适应性则反映了组织之间由于来自合作伙伴的积极协同和配合而产生的应对变化的能力。如生产过程中的生产规模和订单变化的适应能力、市场营销领域的适应市场和顾客需求变化的调整能力等。

2.2 私人关系的研究与现状

2.2.1 私人关系相关概念

2.2.1.1 私人关系

在中国文化的人际关系概念中，常常有关系和私人关系的说法。关于关系的认识，在过去的中国文化中常常和私人关系相联系或混淆。但现在普遍的观点认为：关系和私人关系是完全不同的，存在关系却不一定产生私人关系。关系是两个或多个实体之间存在的心理或行动上的一种联系，属于社会关系的内容[18]。这些联系发生的形式可能是组织与组织之间的交往，也可能是个人与组织，个人与个人之间的交往[17,18]。而当前研究文献对私人关系的认识则有多种观点，主要有特殊的交换关系、资产和动态的联系过程几种观点。范（Fan）认为中国私人关系是关系的一种，关系是人与人之间的联系，属于社会关系的内容，但是这种联系并不一定产生中国的私人关系[18]。中国私人关系是两个人之间一种特殊的关系，这种特殊关系基于自然关系（血缘、地缘、工作和学习等自然形成）和获得关系（朋友、主动结交等）而形成[20,64]；范（Fan）认为关系是一种存在事实，而私人关系是为了某一有意的目的而产生的行为方式，具有情感或者利益的交流[18]；罗（Luo）认为私人关系是由个人关系组成的包括互助责任和满足需求在内的持续的交换关系[65]；李（Lee）和戴维斯（Davies）认为私人关系是一种在交易中可以获取资源优势的个人之间的联系，这种联系可以成为实现某种目标的桥梁，关系双方存在互惠互利[66]。范（Fan）和皮尔斯（Pearce）等还认为中国私人关系是通过礼物交换和帮助获得互利的关系网络[17,18]，私人关系是两个人之间为了某个目的而进行的互利交换，交换的是亲情、感情和人情，与市场产品交换不同，私人关系也注重关系交易公平，但允许有时间上的延迟，因而情感的付出和获取会使私人关系成为一种资产或负债，这种资产和负债会随着交换的次数多少而发生变化[18,67,68]。王晓玉在总结以前研究的基础上认为私人关系是指朋友关系等"象征性"亲缘关系，与血缘和亲缘的关系并不相同[23,27,69]。卡金斯（Cousins）等人则认为私人关系是非正式的、工作场所之外的社会活动关系[70]。同时，范（Fan）还认为中国私人关系是一种与关系网连接的动态过程，涉及两个个体的社会交换过程。关系是静态的、疏远的和冷淡的，而中国私人关系是动态的、持续的，就像一个可以开关和连接的电路回路，可以和更广泛的关系网进行连接。私人关系还具有强弱和亲疏程度的区别，会经历一系列的从建立、发展到终结的一系列动态过程，同时也是一个起始于关系两方的多路径交互过程[18]。

从以上对关系概念的研究我们可以发现，当前的研究对私人关系进行了多方面的理解和定义，对关系和私人关系的区别方面已经有了充分的认识。本书在总结以上学者的研究基础上认为，私人关系是个体之间在正式工作场所之外的私人交往和动态联系，涉及一系列信息、情感和利益的交互活动，具有典型中国文化特色。

2.2.1.2 跨组织私人关系

本书将所研究的私人关系限定在合作组织中的边界人员（代表组织与其合作伙伴进行合作交往的人员，如销售管理人员、厂家代表等）在工作之外的私人交往关系，涉及一系列信息、情感和利益的交互活动[21]。这种关系起源于商业活动，属于五缘之中的业缘，双方之间没有亲缘、血缘或地缘等先天的联系，是一种具有"象征性"亲缘关系的商业朋友关系[23]，属于格兰诺维特社会嵌入理论中由于长期的经济关系而产生的社会关系。跨组织私人关系则是参与组织间的合作活动的关键边界人员个体（通常是主管及以上的具有重要决策权力和影响力的核心人员）在正式工作场所外的私人交往关系，它与工作中的交往关系既有区别又有联系，是组织间关键人员正式工作中人际关系的一种延续和深入[23, 27]。

2.2.1.3 私人关系类别

当前研究中关于私人关系的分类可以根据分类的方式不同而分成不同的类别，常见的方式有：根据私人关系的基础分类，通常有五缘说法，即依据血缘、地域、工作等原因而形成的关系，即亲缘、地缘、业缘、神缘、物缘的观点[64]；也有根据关系亲疏而分为家族关系、熟人关系和生人关系；而根据私人关系的用途又可以分为家族（family）关系、求助关系和商业关系或者情感型关系和工具型关系（expressive ties and instrument ties）[18, 20]；韩巍从道德和法律的角度对关系的应用分为合理的关系和超关系[19]。根据关系的发展过程模式可以分为：传承关系、嵌入关系、渐生关系和开发关系，同时这四种关系还可以相互发展转化[20]。

从上述的私人关系分类我们可以发现对私人关系的认识和分析是一个涉及多角度的问题，可以从起源、内容、过程、用途等多方面进行分析，这为判定私人关系的结构变量奠定了坚实的基础。

2.2.2 私人关系的结构变量

当前对于私人关系结构变量的测定存在多种测量方式。庄贵军在关系营销的中国文化基础一文中将私人关系与关系营销进行比较发现私人关系与关系营销具有许多相同的特性，他认为与摩尔根提出的关系营销变量相同，信任和承诺是私人关系的中间变量，同时提到关系的产生、维持、发展过程中需要三个条件，即联系、媒介和交往，责任、感情和互惠也是私人关系的重要因素，但是没有像摩尔根一样提出影响信任和承诺的前导变量和结果变量，而是直接用私人关系表示，没有其他的结构维度[20,22]。范（Fan）也提到了相应的影响变量，认为人情、责任、同情、面子、信任、权力是构成私人关系的核心价值，但没有明确提出私人关系的结构变量[18]。王（Wong）通过定量实证分析提出互利、信任、互依性和适应性是私人关系的重要结构变量，并且通过实证发现信任、适应性与私人关系质量正向相关，互利与私人关系发展既有正面作用也有反面作用，而互依性则与关系私人关系质量没有显著的相关[71]。李（Lee）和道斯（Dawes）在实证私人关系与商业企业边界人员信任和长期导向之间的关系一文中，将私人关系和关系交往进行了明确的区分，其中的私人关系的结构变量分为面子、互利和感情，而交往则包括业务交往和社会联系，并发现情感、业务交往会影响买方对供应商销售人员的信任，进而影响对供应商的信任[66]。王晓玉等认为私人关系与人际信任成正向相关，人际信任会影响组织间的信任，进而影响企业的合作[23,27,72]。

综合当前与私人关系有关的研究文献可以发现，私人关系的结构变量研究可以分为三类。第一类是庄贵军、王晓玉等的方式：直接将关系双方的情感和利益交往认定为私人关系，没有其他的结构变量；第二类是李（Lee）和道斯将人情、面子和互利作为私人关系的变量，具有中国文化特色模式；第三类是王（Wong）等的方式：将信任、适应性、互利和互依性作为私人关系的变量的西方合作关系模式。其中第一类方法认为私人关系就是一种情感和利益的交互往来关系，双方之间的交往关系就反映了关系双方的情感和利益的交流，交往的内容和频率就直接反映了关系的强度。而李（Lee）和道斯的分类则是中国传统的分析思想，主要探讨交换的媒介内容，交换的是物质利益还是精神情感，是公利还是私利，关系发生的场景是在公开正式场景还是非正式的私下交流，是否符合法律还是道德伦理的判断标准，所以选择的变量主要有人情、面子、互惠等，后一种分类则更多是从西方关系发展和关系内容的角度出发，认为关系应该包括心理和行为变量，因而使用的变量主要有交流、合作、适应性、信任、承诺等。因此，从最后一种分类方式的特征中，我们很难从摩尔根等对关系营销、供应链关系等的研究中看出该关系是正式的组织关系还是私人关系，是否存在道德和法律的色彩。这也反映了中西方对关系在认知上的偏好和文化上的差异，私人关系依然是具有强烈中国文化特色的概念。

通过上述文献分析和总结，本人认为跨组织私人关系是与正式的组织间合作关系相对应的个体间的非正式交往关系，它本身包含了关系双方工作外的情感、利益的交往，是一种具有强烈中国文化特色的关系存在。他的特性反映在关系的私密性和情感、利益的互惠性上，如果用单纯的关系交往通常只能反映关系双方的信息和情感等方面的表层互动，很难保证双方深层的心里信任和契约等关系的深层互动，因为交往的密切并不一定反映双方的内心情感认同，这种特征在商业合作中的利益性私人关系中体现得会更加明显。而传统的人情和面子、互惠等主要从伦理的角度考虑，比较强调情感性利益的交换关系，对于私人关系中的信息互动、信任等特征很少反映。因此，结合当前社会心理学观点，行为是感知的一种外在表现[73]，跨组织私人关系也可以是关系双方经过日常的交往活动建立起来的一种相互信任和相互合作的互惠互利关系。因此，本书认为跨组织私人关系可以通过私人交往、个人信任和个人协同三个维度进行衡量，私人交往和个人信任分别反映了关系双方的私密性交往特色和情感信任，利益上的个人协同则反映了双方的互惠互利关系合作。

2.2.3　私人关系的作用研究

对私人关系应用的认识是一个渐进的过程。中国早期的认识通常持私人关系有害的观点，认为私人关系是法制不健全下的产物，私人关系会通过形成关系网耗费社会财富，严重冲击社会规范，干扰正式组织运行，影响社会公平，是一种不正常的人际关系现象，是徇私枉法的行为，应该严厉地加以取缔[74,75]。但是近年来随着关系营销观念的盛行，私人关系的作用得到重新的认识，来自西方、港台及部分大陆的学者开始关注和研究关系对组织内部管理、商业合作和组织生存、发展的积极作用，注重对其积极性进行研究。因此对于私人关系的认识可以从积极和消极作用两个方面进行总结认识，主要表现为以下方面：

2.2.3.1　私人关系的积极作用研究

将私人关系用于商业贸易和供应链渠道管理中，特别是在关系营销和渠道管理中进行应用，有利于增加贸易机会，降低交易成本，加强信任与合作，减少渠道冲突，提高交易绩效。如庄贵军等分析了营销渠道中跨组织人际关系对于营销渠道治理和投机行为之间的关系，发现组织边界人员之间的关系有利于营销渠道间共同解决问题[21]。庄贵军等还利用西安市百货公司与其供应商为研究对象分析了私人关系对营销渠道权力使用的影响，发现供应商代表与零售商的跨组织私人关系与对零售商使用强制性权力有正向影响[22]。王晓玉等通过对一大型家电企业与分销商的研究发现跨组织私人关系与企业间人际信任关系显著，进而会促进营销企业间的信任、关系投资与合作[23, 27, 72]。李（Lee）和道斯等通过对香港128个购买组织的调查发现，购买公司与供应商销售人员的跨组织私人关系有利于提高购买商对供应商的信任，进而促进双方长期关系的建立[66]。李（Lee）和汉弗莱斯（Humphreys）通过对香港电器行业的实证分析发现私人关系与企业战略购买，外购和供应商开发具有显著的正向影响[15]。范（Fan）等在总结已有文献关于私人关系的益处时提到私人关系可以获得政府政策、市场趋势和企业机会的信息，另外私人关系往来可以减少贸易成本和交易的不确定性，提升效率，但近来也有相对的实证研究，长期私人关系不一定成本低[18, 76]。威斯林（Wathne）和海德等认为组织之间的私人关系可以影响供应商选择替代厂商，但是没有公司层次的转换成本和市场变量的影响重要[49]。

将私人关系应用于企业内部管理，可以协调上下级关系和促进企业文化建设。劳（Law）等通过实证分析发现上下级之间的私人关系与上司承诺、奖金分配、晋升机会等关系显著[77]；斯坦德福锐德（Standifird）研究了如何将个人关系用于组织，建立组织的信誉，实现组织的目标[78]；春（Chun）和格里安（Graen）研究发现私人关系是中美合资企业的第三种文化，对企业绩效具有积极的影响[79]；王（Wong）和斯莱特（Slater）等研究发现私人关系机制和竞争机制在人力资源开发中是可以相互强化的[80]。

私人关系在帮助企业应对外部环境，处理公共关系上，特别是对于中小企业获得外部支持等方面具有积极作用。辛（Xin）等人研究发现与国有集体、企业相比，中小企业常使用私人关系作为正式支持的替代品，特别是在法制不健全的情况下，中国的私营企业比国有企业更多依靠私人关系作为一种保护[17, 81, 82]；姚小涛通过对中西部的企业实证调查发现小型企业、私有企业等经营时间短的企业对私人关系具有很强的成长依赖性[52]；黄（Huang）研究发现可以通过个人影响和关系建立企业的公共关系，提升企业与外部环境的交往，建立企业与外部环境的良好关系和信誉[83]。

2.2.3.2 私人关系负面作用研究

由于私人关系经常出现滥用并与败德问题关系紧密，难以区分。所以私人关系应用中的弊端一直是人们所诟病的问题,同时也是研究的难点问题。庄贵军认为不管是西方关系营销中的关系还是中国的私人关系都存在道德问题和某种程度的庸俗成分,如果用于非工具关系应不存在大的道德问题,但如果用于工具性关系,为谋取经济利益甚至成为一种寻租行为,则有很大的道德和法律问题[20];韩巍等人认为私人关系的应用可以分为关系区域和超关系区域,关系区域是不使用关系或者合情合理地利用私人关系,而超关系区域则是为寻求特殊利益的非法使用[19];然而由于如何判定合情合理的伦理界限难以清楚界定,所以关系容易因钱权交易而出现腐败关系和关系基础的腐败[18];李(Lee)和埃利斯(Ellis)在私人关系的内外部透视中提到使用私人关系的缺点:花费成本高,时间消耗大,容易被看作为腐败[84];顾航宇认为关系和关系网是个人通过不正当途径获取私利和徇私枉法的途径,是无原则的利益交换,会酿造、保护和加剧腐败,导致政策走样和无效,妨碍和破坏改革,破坏社会公正[85];布兰德尔(Braendle)等认为私人关系是一把双刃剑,企业与政府人员之间的私人关系对中国的公司治理体制和将来经济的发展有害[86];万(Wan)则通过实证研究发现私人关系活动对管理中的信任具有负面作用,但是负面效应会因为关系基础的不同而不同[87];温伟德(Vanhonacker)在中国的关系网文中给出了自己对私人关系的伦理判断,他认为通过情感建立的关系与通过金钱和交易建立的关系是不同的,前者是道德的,因为情感是不能用金钱来衡量的,关于如何界定私人关系积极与消极作用、道德与败德的界限,研究的文献较少,特别是定量的实证研究较少,有待进一步的研究[88]。

综合当前对私人关系的作用研究,可以发现私人关系的作用研究正在从早期的私人关系有害论发展到当前的双向论。正如庄贵军在《关系营销在中国的文化基础》中所提到的,不管是中国还是西方的关系,都存在庸俗成分,只不过中国关系由于文化和法制环境的问题更严重一些而已[20]。通过情感建立的关系是道德的,只有为了谋取经济利益而通过金钱等建立的违背道德和法律的寻租关系才是应该受到谴责和法律的惩罚的。私人关系可以是情感性的,也可以是工具性关系,但这两者都必须以法律和道德为准则,将关系的应用限定在其应有的合理合法的关系范围,而不是违法败德的超关系范围[19]。本书正是希望在符合法律和道德的前提下,分析组织之间由于经济合作关系而产生的情感利益性的跨组织私人关系。

2.3 组织速度竞争优势研究与现状

2.3.1 速度竞争优势概念

关于速度竞争优势的提出，高原等认同美国资深战略咨询专家小乔治·斯托克在《时间——竞争优势的下一个来源》书中提出的观点，认为时间是一种重要的战略武器，与资金、生产率、质量甚至创新等同等重要[24-26]。同时，美国信息技术专家鲍尔认为应该在波特的低成本、差异化和集中化三种企业战略竞争优势的基础上增加另外两种战略竞争优势，即速度优势和机动优势[26]。速度优势能够使组织比竞争对手更及时地满足顾客的需求，是指组织快速生产产品，实施组织战略目标的能力；而机动优势则是指组织比竞争对手更快地适应需求的变化，是对环境变化的快速应变能力[26]。

事实上，从时间的角度看，快速生产和快速反应都与时间有关，都可以归入速度竞争优势的范畴。只是强调的重心不一样，前者要求组织能够快速创造产品和服务满足顾客需求，后者则重在要求组织能够快速适应环境变化，但是从管理角度分析，两者具有统一性，根据顾客需求提供产品和服务，然后围绕这个过程不断地和环境进行相互适应正是组织生存和发展的主要内容。因而，在市场竞争激烈的今天，组织如果能够建立一种快速生产产品和适应市场变化的速度竞争优势，就可以成为组织企业赢得顾客、战胜竞争对手的重要手段之一。

所以，本书综合上述观点认为组织的速度竞争优势是组织比竞争对手更快提供产品和服务满足顾客需求、更快调整自己以适应顾客和市场变化的能力。当然，生产型和服务型的组织在速度竞争优势的内容上应该有所差异。本书认为对于分销商组织这样的服务性企业而言，组织速度竞争优势是组织具备超越竞争对手的更快产品上市和营销策略调整以适应顾客和市场需求的变化的能力。

2.3.2 速度竞争优势建构途径和结构变量

关于影响组织建立速度竞争的途径或因素当前的文献研究较少，现有相关文献基本可以从两个角度来建构提升组织速度竞争优势的途径，即组织内部途径和组织外部途径。

其中组织内部角度的分析主要认为组织的速度竞争优势应该从组织内部的

供应、生产和分销各个环节的提速来获取。如晁钢令和马勇从组织内部流程管理的角度提出了建立速度竞争优势应从新产品的快速开发和上市、快速生产系统和快速分销系统三个方面进行提高[25]；汪建等提出了组织的快速反应的核心问题是要实现流通的管理、产品的快速设计和开发、电子信息的交换、流程的再造[89]。陈华等从组织营销的角度认为高速的信息系统、高效的产品开发系统和柔性的生产系统是影响组织营销速度的重要因素[90]。

而组织外部角度研究尚没有直接对速度竞争优势进行研究的文献，相关的文献主要来自于供应链和组织合作方面的研究，主要探讨上下游合作组织之间的沟通、信任和长期关系等对组织或供应链的产品上市时间、反应速度等方面的影响。如陈（Chen）等通过对美国企业与上游供应商关系的研究发现，生产商与供应商的战略购买关系有利于限制供应商数量、与供应商保持良好的交流和长期合作关系，并进而影响组织对顾客的反应速度[2]；汉德菲尔德（Handfield）和贝克特尔（Bechtel）通过实证分析证实了买方与供应商的信任有利于提高供应链的反应速度[34]。李（Li）等通过实证分析发现供应商战略关系、伙伴关系、顾客关系、信息分享水平、信息分享质量和延迟期有利于组织建立竞争优势，提高产品上市时间[33]。

综合上述观点我们可以发现组织建立速度竞争优势的基本途径来自于组织内部的研发、生产和分销等各个流程环节，以及与外部供应商和分销商的协同配合之上。然而，对于具体影响组织建立速度竞争优势的内外部因素，尽管当前有部分研究文献涉及上市速度和反应速度的内容，但是，专门的针对性研究还很缺乏，有待本书的进一步研究。

2.4　本章小结

本章对于与本书相关的组织间合作关系、私人关系和速度竞争优势的研究文献进行了全方位的整理和归纳。对于组织间的合作关系，当前的理论主要包括经济学、社会学和管理学的相关理论，经济学领域的贸易成本理论、信息对称理论和制度学派合法性理论主要基于经济人假设，从保证组织间的长期合作，防止机会主义行为出发，认为通过专用资产的投入、实现信息的对称和建立契约有利于提高组织间的合作水平，防止投机性行为。社会学领域的社会交换理论、社会嵌入理论、社会资本理论和结构洞理论则主要基于社会人的观点，从人与人之间的个人联系出发探寻个人之间的联系与组织经济关系之间的联系，并注重探讨人际关系对于组织和个人的功利性作用。管理学等领域的信任—承诺理论、资源依赖理论与社会学领域理论相类似，主要从应用角度出发研究社会人际关系及组织关系在市场营销和组织中的合作积极作用。接下来，本章对于组织间合作关系的结构变量进行了归纳，主要包括信任、交流、权力、适应性、互依性等变量，组织间合作关系的积极作用主要表现在影响组织的财务绩效、时间绩效以及组织的适应能力和组织的竞争优势方面。

私人关系部分的内容主要介绍了私人关系和跨组织私人关系的相关概念，私人关系是一种特殊的人际交往关系，具有较一般人际关系更高的私密性和内心开放程度；跨组织私人关系则是参与组织间合作活动的重要边界人员在工作外的私人交往关系。私人关系的结构变量主要有人情、面子、互利、信任、互依性、承诺等概念。私人关系当前的积极作用研究主要集中在其用于商业贸易和供应链渠道管理中，特别是其在关系营销和渠道管理中的应用。私人关系有利于增加贸易机会，降低交易成本，加强信任与合作，减少渠道冲突，提高交易绩效。除此之外，私人关系还可以用于协调上下级关系和促进企业文化建设，以及应对外部环境、处理公共关系和获取中小企业的外部支持方面。

组织速度竞争优势部分的内容主要介绍了速度竞争优势的概念、影响组织建立速度竞争优势的内外部途径，并简要地从组织内部和组织外部的角度概述了当前文献中提出的与组织速度竞争优势有关的影响因素。

3 概念模型与研究假设

通过对组织间合作关系、私人关系和组织速度竞争优势等相关领域的文献研究，我们发现组织间关键人员的跨组织私人关系可以对组织间的合作关系、合作效率及绩效产生积极作用。因此，基于研究的课题，本章希望建立跨组织私人关系与组织间合作关系和组织速度竞争优势积极作用的理论基础和假设概念模型。

3.1 理论基础

3.1.1 组织合作中不同机制作用原理

3.1.1.1 基于利益的效率机制原理

从组织间关系的理论和文献可以发现，在经济学的观点中，由于经济人的假设，组织间个人人际关系的作用基本上被忽略了。组织是由没有任何感情和社会关系的经济人构成的整体，组织之间的关系只是一种整体间的利益合作关系。因此组织合作就是为了保证组织各方的利益均衡，以获取长期的最大利益，因而组织之间需要建立一套基于利益的激励和约束机制，以达到降低交易成本，提高组织合作绩效的目的。其中专用资产的投入可以实现交易双方的利益绑定，增加机会成本损失，因而可以实现双方的算计性信任[37]，客观上起到了激励长期合作和约束投机等负面行为的作用。信息对称则减少了信息隐藏的机会，降低了交易双方出现道德风险和投机行为的可能性，正式契约则从法律的角度规定了双方应该享有的利益和应履行的职责，客观上起到了激励正向合作行为和约束负面冲突和投机行为的作用。这事实上是一种从成本和收益角度考虑的效率机制原理[36]。

3.1.1.2 人际关系网络功利性激励原理

区别于经济学的理论观点，社会学领域的观点以微观层面的个体和个体所处的社会关系和关系网络为出发点,将组织看做是具有情感和社会联系的社会人集合,人际关系是具有工具功能的一个社会网络,组织成员的社会关系是组织的一种资源,个体在社会网络中的不同地位对组织具有积极作用。社会中的个体与其他个体之间的管理网络连接存在强弱分别[8],也存在着网络结构之分,如双向直线连接、三方的链条连接或多方的网状连接等,博格的结构洞理论就认为个体之间的社会关系网络越分散越有利,因为网络渠道越多、越分散,越有利于关系各方绕过关系断裂链而获得更多的信息和机会,实现关系各方的利益交换。因而,在组织的交往和合作中,为了获得更多的机会或信息,组织或个体会倾向于积极建立自己的关系网络,强化关系的质量,以获得更多的有利的机会或信息,这事实上是利益角度的人际关系网络功利性原理的一种体现[10]。但是现在人际关系的网络功利性原理主要用于寻找新的机会和获取信息方面[8,12,88],对于合作后交互行为的影响较少,本书不作具体的深入探讨。

3.1.1.3 人际关系利益与情感双重机制原理

然而,社会人际关系的作用不仅仅体现在利益角度的网络功利性上,还体现在情感和利益的非正式契约的激励和约束机制上。社会人与人之间的关系连接,不仅是具有多种结构方式的网络连接,还是情感和利益的连接。情感和利益的交流有利于加深对对方的人品和行为的了解,产生好感和认同,进一步促进关系各方之间建立更深入的情感认同和长期合作。同时,关系各方在关系交往中需要遵循一种非正式的社会心理契约——关系契约,即关系双方应该在交往中遵循对等原则或利他原则。通常关系双方在交往中应保持情感和利益的相对对等[18],即按照基本的互惠互利的原则进行交往,交往中应相互信任、相互忠诚,面临困难时应互相帮助,面临冲突时应互相让步。当然这种对等不是绝对的,可以在时间和空间上具有一定的延迟或差异,是一种总体上的相对对等。这种对等性关系契约越强,关系双方对对方行为的信心就越强,相信对方不会损害自己的利益,因而容易激发出交往中的主动合作行为投入,即表现为关系双方的信任和承诺[13]。同时,由于长期不遵守对等契约的行为也容易被关系另一方所识别而受到谴责或抛弃,因此这种关系双方内在的非正式契约有利于从主观和客观上防止投机和败德行为的发生。

除此之外,关系情感还具有进一步的利他行为激发作用。当关系双方建立起情感关系后,情感角色的投入有利于激发成员内心的规范行为和道德性利他行为。角色情感通常以两种方式起到激励和约束作用。一种是移情式情感,即通过站在对方的角度思考问题,照顾对方的心理感受,这种移情式情感有利于激发道德性的利他行为,通过体会关系对象的痛苦和快乐而使关系双方的交流更加深入,有利于在主观心理上激励关系双方产生主动投入和维持长期合作关系的行为;另一种则是反思性情感,即关系成员在主观心理上反思自己的违背关系对等原则行为所产生的负罪和羞耻感,这种羞耻和负罪心理常常使关系成员产生内在的压力而起到约束或修正负面行为的作用,正确行为的反思则使关系成员产生自豪和荣誉而更加激励遵守对等或利他关系契约的行为[91, 92]。

总之,社会人际关系都具有不同程度的内在关系契约,根据情感和利益的不同通常会产生出不同程度的行为激励和约束作用。利益型关系的激励和约束作用主要反映在对等性原则上,越是纯利益型的人际关系,双方对对等性要求的及时性会越强,希望对方给予回报的时间会越短,行为的激励和约束作用则主要来自对方的客观压力,主观的激励和约束作用较少。相反情感型人际关系的激励和约束程度则较多表现在高于对等原则的利他性上。情感性人际关系通过情感反思和移情而具有较高的主观激励和约束,更容易产生利他行为和自我约束,关系契约的相对对等性在时间上可以更长甚至不需要回报,空间性也会差异更大,可以是任何情景或场合的回报。因而关系双方在利他行为和自我约束的影响下,更能主观上减少机会主义行为,促进利他性的让步行为和相互之间互惠合作,双方的关系会变得更加深入和持久,合作也会变得更加高效。

3.1.1.4 组织合作中的综合机制原理

在组织合作中我们可以通过成本和收益角度的效率机制原理来实现组织的合作行为激励和约束。即通过正式的契约来增加违约成本以及专用资产投入的利益绑定来实现双方利益对等的合作。然而在许多情况下,组织建立合作合同以后,组织之间已经不仅是单纯效率机制作用的经济关系,同时也涉及一系列人际交往的社会关系。组织中的个体不仅是追求利益最大化的经济人,也是追求情感交流和社会认同的社会人,个体在组织中的相互关系既会考虑组织和个人的经济利益,也有考虑相互之间的情感交流。其次,在组织的长期合作中,组织内外部环境和组织个体会发生各种不确定性的变化,尽管组织之间的合作具有正式契约和各种利益机制的激励和约束,但是由于环境的不确定性和契约的不完备性,组织的合作中容易出现一系列的正式契约难以解决的个人或整体的合作问题,如个人工作中不配合,拖拉等"不好办事"的行为。因此,在正式契约和专用资产投入等被动性激励和约束机制之外,将组织之间的经济关系转化为组织员工个人之间的情感和利益关系,根据组织边界人员的人际关系和关系契约的激励和约束原理,从非正式契约机制的主观和客观性上对正式契约机制进行补充就具有了积极意义。也就是说,组织可以通过经济利益、人际关系情感和利益所具有的效率机制、网络机制、正式、非正式契约机制等多种手段的综合利用来提高组织之间的合作水平。

事实上，在组织的合作关系中效率机制、合法性机制和关系机制是紧密关联的。组织追求经济效益的最大化，必须通过一套正式和非正式的关系结构来实现，可以理解为生产关系，良好的生产关系可以促进组织生产效率（生产力）的提高，落后或者不匹配的生产关系则可能阻碍生产效率的提高。生产关系通过工作建立起了人与人之间的联系，因而又可以根据其发生的场所分为正式、非正式的人际关系。同样这种关系还和正式和非正式的契约紧密相连，起到维护和巩固关系的作用。但是不恰当的契约也会阻碍关系的创新和组织效率的提高。对于组织间的合作来说，我们需要积极利用正式的组织间合作关系和非正式的跨组织私人关系及其相关契约特征来促进组织效率的提高。

3.1.2 跨组织私人关系作用原理

3.1.2.1 跨组织私人关系的渠道作用

对于合作组织间个人层面的社会人际关系，我们可以结合中国文化特色将其分为工作地内的工作关系和工作外的私人关系。工作地内的工作关系主要是组织边界人员工作内的相互协同和配合关系，交往的领域局限于工作场合和业务范围内，组织整体层面的合作关系事实上就是这种全体员工工作关系的总和。这种工作地的合作关系通常是一种与组织利益有关的情感和利益关系，是由于工作业务的配合原因而产生的工作接触，通常属于礼节性的相互尊重和相互协作关系，关系的情感性不是很强。因而交往中主要按照关系契约中的对等原则进行交往，很少通过移情和反思站在对方的角度考虑问题，因而也较少出现主动性的让步或无私利他行为，进而工作中相互协作的积极性和协同性会相对较低，这可以直接划归为组织间合作关系的具体表现。

而跨组织私人关系则是组织间关键员工因为利益需要或具有相似价值、爱好或相互欣赏而发展出的超越工作地之外的更深入的私人朋友关系，是一种情感型、利益型或者两者混合型的私人朋友关系，通常是工作朋友的进一步深入发展，交往的空间也由与工作有关的场所发展到工作外的个体生活空间，个体之间交往的内容具有更多的私密性和开放性，信任程度更高，交往更为密切，频率更高[37]。因此，跨组织私人关系不仅可以实现组织间关键个人之间的社会交往，也可以成为双方组织之间交换信息和情感以及利益的重要渠道。当组织关键人员双方进行私人交往活动时，组织和个人之间的信息就可以通过这种非正式渠道进行传递，组织之间利益冲突问题也可以通过这种私人关系交往渠道进行协调。由于跨组织私人关系具有一定的情感基础，双方的内心开放度高，信任性强，因而双方交流更加坦诚，交流的内容也比较深入，更容易就矛盾问题达成意见的统一，对双方的利益都具有重要的帮助意义。

3.1.2.2 跨组织私人关系的激励和约束作用

除此之外，跨组织私人关系双方交换的不仅是信息，还有关键人员感情和人情。感情是双方精神上的情感交流，是一种情感的分享和共鸣，而人情则是由于接受了对方的礼物、邀请或帮助等产生的具有感情和利益的双重负债，是一种情感和利益的结合体[18]，但本质上是一种利益关系。因此，跨组织私人关系同样遵循人际关系的互惠互利对等原则。这种对等原则事实上是一种关系契约，可以从非正式契约的角度对组织间个人和组织的行为产生激励和约束作用，一方的付出需要对方以对等的行为进行回报，否则会受到社会道德和个人道德规范的双重谴责，影响个体在社会生活中的地位。因此，基于个人和组织工作需要，许多组织间关键人员就会像贸易成本观点投入专用资产一样，选择用私人关系进行人情的投资，希望在个人或组织需要时，获取对方的帮助或回报，人情投入越大，相互之间的连接越紧密。

除利益成分外，跨组织私人关系的感情成分相对于工作关系中的感情更加深厚，情感的反思性和移情性也会更高，因而更加容易站在对方的角度考虑问题，顾及对方的感受，因此，也容易激发利他性的道德行为，主动为对方的利益着想，对交往中的矛盾问题通过相互让步进行积极的解决。

因此，将关键人员跨组织私人关系的私人情感和利益原理的激励和约束原理用于组织的合作活动，就会使组织双方的边界人员有更好的工作交流和协同配合，减少组织双方工作中的怠慢、冲突和机会主义等负面行为。

3.1.3 速度竞争优势的建构原理

3.1.3.1 速度竞争优势的让渡价值原理

速度竞争优势能够让组织具有战胜竞争对手的独特竞争能力，最直接的原因是因为组织具有一种独特的满足顾客价值需求的能力。基于顾客让渡价值理论的观点：顾客让渡价值是指顾客总价值与顾客总成本之差，即顾客多大程度能享受到产品的实际价值。顾客总价值是顾客期望从某一特定产品或服务中获得的利益，包括产品价值、服务价值、人员价值和形象价值。顾客总成本则是获得和使用该产品或服务时所引起的顾客费用支出。这些费用包括货币成本、时间成本、精力成本和体力成本[93]。从顾客让渡价值理论的观点出发，任何组织要赢得顾客，战胜竞争对手，都需要从提高顾客购买的价值和降低顾客购买成本两方面进行决策和创新。具备低成本竞争优势的组织主要是通过大规模生产来降低产品的货币成本的方式，即降低让渡价值公式中货币成本的方式来提高顾客的让渡价值，从而满足顾客、战胜竞争对手。而差异化竞争优势则是通过提高顾客让渡价值中价值部分的产品价值、形象价值等方式来提高顾客让渡价值的。与这两种方式不同，具有速度竞争优势的组织则是通过降低成本中的时间成本来提高顾客让渡价值的，即组织通过在时间上比对手更快地生产或者更快应对环境变化来降低顾客的时间成本，使得产品具有先发优势，及时吸引并锁定顾客，从而获得更多的市场份额战胜竞争对手。

3.1.3.2 速度竞争优势与其他竞争优势关系

（1）快速的目标不一样

从顾客让渡价值理论可以发现时间同样可以成为与成本、价值一样具有战略价值的竞争性武器，降低时间成本也是组织赢得顾客，形成竞争优势的一个重要的组成部分。当然，速度竞争优势与低成本和差异化竞争优势之间既有区别又有联系：实行速度战略的组织如果要想获得持续的竞争优势，同样需要增加顾客让渡价值中的其他价值，即实行速度战略的组织同样需要提高产品的价值，降低产品成本，提高产品使用的方便性等；同理，实行低成本、差异化战略的组织也需要以更快的速度提供具有低成本或差异化价值的产品，速度是组织实现低成本或差异化战略的重要因素。所以，快速、低成本和独特价值都是每个组织的追求，然而不同的组织在这三方面的目标却是不一样的。组织通常只能选择将它们中的一个作为战略目标，其他两个方面作为评价这个战略执行能力的战术指标。比如实行低成本或差异化战略的组织通常追求行业内最低的成本或独特的价值，靠产品的价格优势或独特价值优势来战胜竞争对手，速度是组织实施这一战略的战术能力体现，只要做到相对的快速就行，不一定是行业的最优。实行速度战略的组织则是要让组织的生产、销售或应对环境变化的速度能力领先于行业其他对手，力争做到行业的最快，遇到冲突时，成本和价值都要让位于快速这个时间指标，即追求速度领先战略优势组织的产品不一定是行业品质最优的产品，但却一定是行业最新或最快的产品，成本或价值只是战略性速度优势的战术考评指标之一。

（2）快速的理念不一样

对于实行速度战略的组织而言，速度是一种态度，一种理念和精神，速度竞争优势是组织的核心竞争力。对于竞争对手，追究战略性速度竞争优势的组织要求比竞争对手行动更快，获利更多。快速是既是一种积极的态度，又是一种追求更高效率的进取精神。所以实行速度战略的组织都会相应地制定出一整套以速度为中心的经营哲学、理念、目标、竞争策略等一整套战略体系。相反,将速度竞争优势作为组织战术性竞争优势的组织,通常是实行差异化和低成本等其他竞争战略的组织,这些组织通常只是将速度作为组织衡量低成本或差异化战略目标实施的一个评价指标,即组织在实现这些战略目标时是否比竞争对手相对更快,因此速度对于这些组织而言只是工具性的指标,缺乏速度的战略性精神内涵。

因此,基于上述分析,我们可以认为组织的速度竞争优势可以分为两个层面,即战略层面的速度竞争优势和战术层面的速度竞争优势。将速度作为竞争战略的组织,其所具有的速度竞争优势是一种行业最快的先发优势,组织依靠这种先发优势与行业内实行其他战略的竞争对手竞争,产品的成本和价值是居于速度竞争优势之后的战术指标,不是组织竞争的关键因素。而战术层面的速度竞争优势则是实现低成本或差异化等其他竞争战略组织的一种比较速度优势,组织只需尽量做到在实行组织各自的战略时比同类竞争对手更快,不需要比行业所有的竞争对手都快,速度对于这些组织只是一种竞争能力的战术考评指标之一,不是组织制胜的战略性因素。

由于速度战略竞争理念相对较新,实践界尚缺乏将速度战略作为组织竞争战略的组织,因此本书所研究和调查的组织速度竞争优势属于第二种竞争优势,即组织具备一种相对比竞争对手更快的战术性速度竞争优势。

3.1.3.3 影响组织建立速度竞争优势的因素

对于影响组织建立速度竞争优势的相关因素,当前的研究文献尚缺乏系统的研究和完整的理论阐述。但是我们可以从当前对组织竞争优势来源的相关研究结论中找到可借鉴的理论观点,结合速度竞争优势的特点,建立相关的理论基础并归纳出影响组织建立速度竞争优势的相关因素。

对于影响组织建立竞争优势的相关理论中,波特的竞争优势理论沿袭了产业组织理论的分析思路,从行业的结构分析出发,通过五力模型阐述了行业特征如进入壁垒、竞争激烈程度等对企业在产业内的竞争地位和赢利水平的影响,其结论表明企业选择一个正确的产业是获得竞争优势的关键,行业的竞争格局也会影响组织的策略选择[94]。事实上,波特的竞争优势理论反映了组织外部环境因素对竞争优势建立的影响作用。除此之外,波特还通过价值链理论补充了组织内部相关因素对组织建立竞争优势的积极作用,提出了组织基础性作业和支持性作业过程对于组织创造价值和竞争优势的作用[95]。另外,竞争优势的资源—能力理论观点则更加关注组织内部因素对竞争优势建立的积极作用。苟晓瑞综合沃纳菲尔特的资源基础论观点认为组织内部的资源、组织能力和知识的累积是组织获得超额利润、保持竞争优势的关键,资源的分类可以分为有形和无形资源;物质资源、人力资源和组织资源;或者以所有权为基础的资源和以知识为基础的资源等不同类型[96]。蒂斯(Teece)等的能力观则开始注意到组织资源转换能力甚至组织核心竞争能力对于建立竞争优势的作用[97]。

从现有的竞争优势来源相关理论的研究中我们可以发现,组织建立竞争优势经历了从注重外部行业因素到组织内部因素的转变,对组织的认识也从行业角度的同质化组织过渡到个性化、差异化的组织,组织本身所具有的资源和能力特征得到了充分的认识,资源能力视角的竞争优势理论也成了当前重要的竞争优势理论基础。因此,结合波特的行业角度竞争优势理论和资源能力论的观点,我们可以看到影响组织建立竞争优势的因素来源于组织内外两个部分,既要考虑行业外部的竞争力量因素的影响,更要考虑组织的资源禀赋和能力水平的影响。

对于组织的速度竞争优势而言,同样离不开组织内外部因素的影响。从外部行业因素而言,我们从速度竞争优势的起因就知道行业内的激烈竞争使得低成本、差异化的竞争优势正逐渐丧失优势地位,因此基于时间的速度竞争优势成为了组织竞争优势的新的来源。同时组织与供应商、分销商等合作伙伴之间的一次性买卖关系逐渐被长期的互惠合作关系所替代,也说明了外部因素关系的影响力量。从资源和能力视角的内部因素观点而言,组织建立速度竞争优势需要具备一定的知识理念、信息技术条件、高素质员工,以及一套能够实现组织快速生产和反应的能力系统。而且结合前文经济社会学社会嵌入理论、资源依赖理论,以及周雪光的组织关系机制、效率机制和制度合法性机制共存的理论观点[36],我们还可以看到组织内外部的人际和工作关系事实上正是组织实现效率机制(竞争优势)的一种资源,与管理学领域的资源能力观点是紧密契合的。因此,本书从资源能力观点和社会学的嵌入理论和资源依赖等理论观点出发,认为组织建立速度竞争优势需要从速度竞争理念上进行引导,同时具备信息技术、适当的规模、高素质员工和人际关系等必要的资源条件,这两个方面反映了组织建立竞争优势必需的知识资源和所有权资源。另外,组织建立一套灵活和完善的速度系统则是反映组织的管理能力、协调能力和创新能力的最重要因素,是组织建立速度竞争优势的重要能力体现。因此,组织的速度竞争优势可以从速度竞争理念、速度条件和速度系统三个方面进行分析,如图3-1所示。

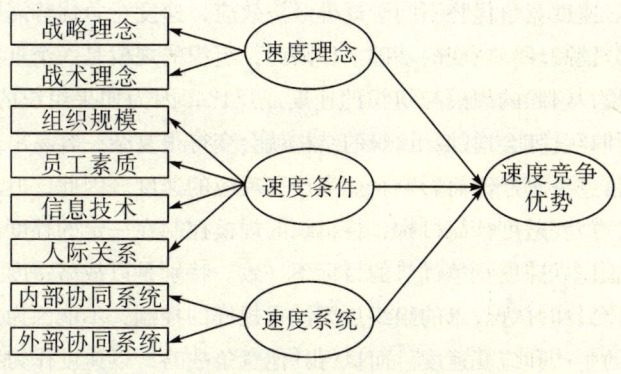

图 3-1 组织速度竞争优势的影响因素模型

(1) 速度理念

基于竞争优势资源论的观点，组织的速度竞争理念属于一种知识性的、前瞻性的资源，这种理念从时间的角度出发，可以引导组织找到一种新的竞争方向，为组织创造一种别的竞争对手还不具备的先发性竞争优势。组织要建立速度竞争优势，首先需要从理念上对速度有充分的认识，即组织是追求战略层面上的速度竞争优势还是战术层面上的比较速度优势。将速度竞争优势作为组织战略竞争优势的组织，认为速度是一种态度、一种理念、一种精神，是企业经营哲学的最重要体现，组织会根据这一套速度哲学和理念制定出详细的战略、战术体系来贯彻这个速度策略。速度是这种组织持续不变的竞争追求，是组织的核心竞争力的体现。而将速度作为战术指标的组织，则通常是在低成本、差异化或集中化战略的前提下，尽量提高组织贯彻和执行这些战略的速度，争取比竞争对手的生产和应变速度更快，使得组织可以在产品低成本和差异化的竞争优势条件下获得一个速度上的比较优势。因此，组织在建立速度竞争优势前，首先必须从理念上对速度从战略和战术上进行充分的认识，根据组织的不同情况来选择组织追求速度竞争优势的层次，否则，错误的决策反而导致组织失去真正的竞争优势。

(2) 速度条件

速度条件则是组织的所有权性质的资源，与建立其他的竞争优势不同，这些资源通常是与组织速度有关的特殊性的基础性条件，这些条件是组织具有快速决策、及时调整策略进行生产和应对环境变化能力的资源基础。本书从速度的角度出发认为组织的规模、信息化技术水平、员工素质和人际关系是支撑组织建立速度竞争优势的基础条件。

①规模。速度竞争优势不同于规模经济效应，速度竞争优势需要建立在快速的生产、分销和环境应变的基础上，因此，组织的规模是一个重要的影响因素。通常来说，组织的规模与组织的速度成反比，因为如果组织的规模过大，管理的层次和幅度就会增加，组织的结构就会变得很复杂，容易出现信息传递链条增多、信息失真严重而影响企业生产和反应的速度。因此，追求速度竞争优势的组织，需要适度精简机构，将组织的规模控制在一定的程度，防止过度规模化与组织建立速度竞争优势的目标不一致。特别是以战略速度竞争优势为目标的组织比以速度为战术的组织更要注重规模的控制，不能因为规模的增长而影响组织的生产和应变速度。而执行其他竞争战略，以速度作为比较优势的组织，在规模的控制上可以相应宽松，比如追求低成本竞争优势的组织本身就是依靠规模经济的优势，组织的规模（特别是生产规模）通常都会比较大，速度只是组织提高效率的一个指标，需要让位于成本，因此，组织的规模受速度的限制较小。所以实现不同层面的速度竞争优势组织在规模的边界上会不太一样，需要组织认真区分。

②信息化技术。信息化技术的使用有助于组织与内外部生产和分销等各个环节之间实现良好的信息沟通和协调，是保证组织建立速度竞争优势的重要前提条件，当然也是组织重要的资源基础。现在，准时生产理念、计算机集成制造系统、敏捷生产、企业资源计划（ERP）、供应链管理等生产或者管理的模式都是通过信息化技术在组织内外部之间架起沟通的桥梁，使得组织可以轻松而有效地进行沟通和协调，使得组织的速度竞争优势得到大幅的提升。然而，不同组织的信息化条件是有差异的。由于资金、人才积累以及组织原有管理模式的差异，许多组织信息技术水平较低，很难引进或者高效地实施先进的信息化生产或管理模式，因而也就难以在组织的生产和市场应对等各方面建立速度竞争优势。但是，在如今竞争日益激烈的今天，不管是将速度竞争定位为战略还是战术的组织，只有具备了信息化技术这一基础条件进行管理或生产，才有有可能建立超越竞争对手的速度优势，信息化技术是组织建立速度竞争优势必须具备的条件。

③员工素质。人力资源是组织建立竞争优势最重要也最基础的资源类型，组织要建立速度上的竞争优势，离不开优秀的人才，员工素质的高低是影响组织建立速度竞争优势的重要基础。组织员工的理解能力、决策能力和技术能力的高低都会影响组织的速度竞争优势的提高。如果员工对组织速度观念不理解、不配合，组织的速度就很难提高。同样员工决策能力差也会影响组织决策的速度、决策的准确性以及组织决策的层次。另外，信息化技术的运用也要求

企业各级员工不断提高自身的技术技能，如果各级管理者或者员工不能够很好地使用、维护甚至更新组织的信息化技术系统，组织的反应速度就很难得到提升，先进的信息化技术系统反而会成为组织提高速度的障碍。所以，人是组织最重要的因素，需要不断提高员工的素质以适应组织快速化的需要。

④人际关系。经济社会学方向的社会资本理论、资源依赖理论都将人际关系看成是组织或个人的重要资源，有利于快速解决组织内外部的信息沟通和协同配合等合作问题[11,51]。在组织的生产实践中，不仅涉及工作中的业务沟通，还涉及个体与个体、个体与群体、群体与群体之间之间的人际交往关系，人际关系和组织的工作关系是紧密嵌入在一起的[8]。霍桑试验也实验证明了组织中的非正式组织对组织绩效具有重要的影响。在中国这样一个注重关系的社会里，人们更是常常根据人际关系的亲疏形成人际圈子（自己人或外人），对不同的人群根据关系亲疏而采取不同的行为方式，对与自己有良好关系的"自己人"信赖有加，有事好商量[21]。因此，组织关系双方如果具有良好的个人关系，组织和个人的问题都可以通过个人渠道来进行协调和化解，使得组织与内外部伙伴间的协同能力、反应速度得到极大的提升。因此，组织内外部人际关系对组织建立速度竞争优势的积极作用同样不能忽视。

从组织内部而言，组织的供应、研发、生产和营销等各个环节之间不仅仅是相互协作的工作关系，还是部门与部门以及各个环节的个体与个体之间的非正式人际交往关系。这些工作内外的人际关系一方面影响他们在工作中的积极性，另一方面促进他们在工作中的沟通和配合。因此，从组织内部建立起良好的人际协同关系，是组织建立速度竞争优势的重要内容。

同样从组织外部考虑，组织之间特别是组织的关键人员之间良好的人际关系也是组织之间加强工作协同，建立速度竞争优势的重要渠道。庄贵军等就通过实证研究发现跨组织人际关系对渠道治理、降低投机行为具有积极作用[21]；王晓玉等发现组织关键人员之间的私人关系与企业间信任、关系投资与组织合作关系显著[23,27]。因此，通过组织间人际关系的协同作用加强组织间信任、提高沟通协作水平，及时化解冲突，使得生产原料可以及时地送达生产现场，同时产品也可最积极地分销到顾客手中，也是组织提升速度竞争优势的重要手段。

（3）速度系统

基于组织的速度理念和速度条件等知识性和所有权性质的资源条件，建立一套协调、完善的内外部速度系统是组织能力的重要体现，组织只有建立并有效地实行这一速度系统，将组织的战略理念、管理模式转化到这一系统当中，保证组织内外部各个环节都能协调、快速地进行沟通和协同配合，即建立一套完善的正式工作流程关系，组织才可能实现组织快速的生产和适应环境，建立起组织的速度竞争优势。

①内部协同系统。从组织内部而言，组织如果想要建立超越竞争对手的速度竞争优势，一个关键的步骤就是要从组织内部人力资源、财务等支持性环节和最基本的供应、生产、营销等基础性环节入手，建立一套完善的工作流程关系并实现有效的沟通和协同配合，才可能提高组织内部整体的生产和应变速度。其中人力资源部门的配合可以为组织提供高素质的速度创新人才，提高员工工作的积极性。而财务部门的配合则可以在资金的供给和与财务有关的流程控制方面得到速度的提升，防止因为财务的控制而影响组织的生产和市场应变速度。同样，组织基础性作业环节各部门和流程之间的相互配合也可以极大地节约组织生产的时间。如晁钢令、马勇等人就提出了建立速度竞争优势应该从产品的快速研发系统、快速生产系统和快速分销系统三个方面进行提高[25]，汪建等提出了流通的管理、产品的快速研发、电子信息的交换、流程的再造是组织快速反应的核心问题[89]。因此，真正要提高各个环节的反应速度，离不开组织内部每个环节和部门的配合和不断创新，通过结合先进的企业资源计划、敏捷制造、并行工程等信息化技术系统，建立一套适合快速理念的组织结构和生产流程和相应的制度体系，使得组织内部的每个环节之间形成一种良好的协同配合关系，结合每个环节的提速，组织的速度自然能得到极大的提升。

②外部协同系统。组织外部协同系统主要是指组织需要将组织内部的运作系统与跟组织生产紧密相关的外部合作组织紧密关联，建立一套高水平的组织间合作关系系统。即组织需要与外部供应商或者分销商等合作伙伴之间建立一套完善工作流程和制度体系，实现组织间的协同和配合，才能全方位地提高组织的速度竞争优势。

在如今激烈的市场竞争环境下，组织之间的竞争正转变为供应链与供应链之间的竞争。因此，组织与供应商、分销商之间的良好合作关系也是影响组织建立速度竞争优势的重要因素。如李（Li）等在分析供应链关系实践与组织竞争优势和绩效的关系中就提到了组织间的战略伙伴关系、信息交流和信息质量有助于提高产品的上市速度[33]。因此，如何通过信息化技术手段或者正式非正式契约等方式建立组织之间各个业务流程之间的良好信息沟通和配合，促进产品的及时生产或分销，建立起良好的组织间合作关系系统也是组织建立速度竞争优势的重要内容。

总之，从波特的竞争优势理论和资源能力理论观点出发，我们可以发现组织速度竞争优势的建立离不开组织内部的资源和能力相关因素和行业外部力量的影响。组织速度竞争优势的影响模型反映了组织的资源和能力系统与组织速度竞争优势之间的相互关系。同时，也反映了经济社会学的关系机制和效率机制之间的相互关系。组织的人际关系反映了组织的关系资源，而组织的速度系统则反映了组织的正式工作关系系统的运作状况，两者都是组织建立竞争优势的重要影响因素。因此，这一分析模型为本书从组织外部角度分析组织间非正式的私人关系和正式的工作合作关系对组织速度竞争优势的积极作用关系奠定了理论基础。

3.2　研究模型及假设

3.2.1　概念模型及替代模型

基于上文对跨组织私人关系作用机理以及影响组织建立速度竞争优势影响因素的分析，我们可以发现跨组织私人关系与组织间合作关系都是影响组织速度竞争优势的重要因素且紧密相关。因此，我们提出以下观点和假设：

3.2.1.1　跨组织私人关系与组织间合作关系嵌入观点

按照格兰诺维持的社会嵌入理论观点，组织间的人际关系可以和组织间的经济关系相互嵌入。同时，组织中的个体由于在人际网络中的位置不同，因而其行为和产生的影响也不同[8]。组织中的关键人员作为组织合作中具有重要影响能力的个体，对组织间合作中的重大问题拥有参与和决策的权力，处于组织间人员关系网络的核心地位，对组织间的合作具有重大的影响作用。同时，根据资源依赖理论和社会资本理论观点，私人关系是组织生存和发展的重要资源，可以影响组织间的资源获取和营销中渠道问题的解决[21]。因此，可以考虑将组织间关键人员之间非正式的跨组织私人关系与组织间正式的合作关系结合起来，探讨跨组织私人关系对于组织间合作的积极作用。

跨组织私人关系是组织间边界人员人际关系中最重要的部分，是组织参与合作活动的重要边界人员个体在工作地外的私人朋友关系[27,98]。一旦组织间关键人员建立起私人关系连接，组织之间正式的经济合作关系就和具有更加私密和更深关系契约的私人关系嵌入在一起了，组织之间经济合作可以通过个人之间的私人关系来进行推动和促进。因为组织间关键人员私人交往建立起的情感和内心契约，有利于关系双方获得更高的信任和内心开放度，因而个人之间的互利、互让甚至利他行为努力会得到极大提升。与此同时，由于组织关键人员的利益常常是和组织的利益结合起来的，如个人的晋升、个人绩效常常是和组织中的绩效紧密联系的，因此，组织中关键人员之间通常会选择用个人的私人关系来帮助个人在组织中的工作活动。具体可以表现在以下方面：第一，组织间关键人员会选择将工作问题看成是自己个人的问题，将个人工作任务与组织任务相互嵌入，让组织工作中的问题通过私人关系渠道来进行解决，如将组织间的合作问题变成好朋友之间的互相帮助或为朋友的工作提供支持，促进问题的及时解决。第二，通过私人之间的良好情感和信任基础，将组织之间的沟通和协同问题通过私人之间的非正式沟通渠道进行沟通和协调。除此之外，组织关键边界人员还可以利用自身在组织中的地位影响组织其他成员的工作态度和行为，增加他们工作中的信任感和积极性，使得组织整体之间具有良好的沟通和配合，促进组织间整体的合作效率，达到提升组织的竞争能力的目的。

因此，将组织间关键人员之间的跨组织私人关系与组织间合作关系进行相互嵌入，有利于更大程度发挥人际关系对于提高组织间合作和形成竞争优势的积极作用。

3.2.1.2 跨组织私人关系对组织速度竞争优势的直接作用

从上文的跨组织私人关系作用机理分析和速度竞争优势的影响因素分析中我们还可以发现：跨组织私人关系的作用不仅可以表现在影响组织间的合作关系上，还可以成为组织建立速度竞争优势的重要途径。

跨组织私人关系的积极作用一方面可以表现为对组织速度竞争优势建立的直接作用上，即跨组织私人关系可以成为组织建立速度竞争优势的直接渠道。由于跨组织私人关系与组织间合作关系的相互嵌入，组织间关键人员的私人关系可以直接作为组织整体之间的信息交流和沟通的渠道，既然组织间的关键人员是组织重大活动的决策者，因而组织间的工作问题完全可以在关键人员的私人交往中进行沟通和协商完成。而且由于组织间关键人员私下的关系具有相当的情感基础，双方交流的内心开放度会很高，交流也更坦诚，因此也会更加顾及对方的利益和感受，而且关系双方都会比较了解和相信对方的诚意和善意，不会损害自己的利益，因而对于组织之间的工作中的问题会更加容易达成一致意见。所以组织关键人员之间的私人关系直接就成了组织间解决工作问题的渠道和手段，组织间的一些重大问题就在关键人员的私人关系交往中完成了，可以极大提高组织沟通和问题解决的速度问题，因此有利于组织提高产品生产或者市场反应中的速度。所以，本书认为跨组织私人关系具有提高组织速度竞争优势的直接作用。

3.2.1.3 跨组织私人关系对于组织速度竞争优势的间接作用

而在如今竞争激烈的时代，组织要获取速度的竞争优势，除了在自身内部通过优化管理、提高信息沟通来实现外，与上下游的合作组织之间在工作中建立良好的沟通和协同也是组织提高速度竞争优势的必要途径[21, 33, 62, 99, 100]。从上文影响组织建立速度竞争优势的因素分析中我们可以发现组织间的工作协同是影响组织建立速度竞争优势的重要因素。另外，从跨组织私人关系与组织合作关系的嵌入性原理我们还发现，跨组织私人关系的一个重要作用就是影响组织整体之间的合作关系，即跨组织私人关系可以通过影响组织间关键人员和组织其他边界人员之间的工作合作而影响组织整体之间的沟通和协同。因此本书认为跨组织私人关系可以通过促进组织间合作关系而影响组织速度竞争优势的建立，即跨组织私人关系对速度竞争优势的建立起到间接支持作用，组织间合作关系对关键人员跨组织私人关系和速度竞争优势起着中介作用。

具体而言，组织关键人员除了对与自己有良好私人关系的组织在自己的工作范围为给予积极的支持和配合之外，还会利用自身在组织中的地位影响力和决策权力，从组织正式工作内容的角度，利用正式的权力和工作职责的形式命令组织中的相关员工对于与自己有良好私人关系的合作组织给予特别的关照和支持，如对这个组织的工作应该更加积极，遇到矛盾的问题应该积极沟通和协调，相互体谅，相互谅解。因此，这种关键人员将个人私人关系转化为组织整体工作关系的行为就有利于组织之间的问题得到及时的沟通和解决，直接提高了组织之间合作问题的反应速度，获得超越竞争对手的速度优势。同时，组织关键人员之间良好的私人关系，也给组织其他员工之间传递一个信号，组织之间的关键人员之间都已经具有了良好的相互信任，因而这个组织是值得信任的，针对这个组织的工作活动也可以放心地积极进行。组织双方之间具有了良好的心理基础，因而员工会从内心积极地参与组织之间的合作活动，工作更加积极主动，信息的交流和沟通会更加积极主动，矛盾问题的协商和互谅会更加容易得到解决。所以组织之间的生产或市场反应速度会得到进一步的提升，因而较容易获得超越竞争对手的速度竞争优势。

综合上述的跨组织私人关系的直接作用和间接作用，本书建立了跨组织私人关系与组织间合作关系和速度竞争优势整体之间路径模型（概念模型）及研究假设，见图3-2。

H1：跨组织私人关系对组织速度竞争优势具有显著正向影响。

H2：组织间合作关系对组织速度竞争优势具有显著正向影响。

H3：跨组织私人关系对组织间合作关系具有显著正向影响。

3.2.1.4 跨组织私人关系调节作用的替代模型

从上述模型我们可以发现跨组织私人关系和组织间合作关系从个人和组织

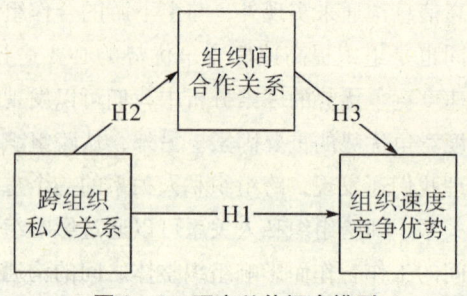

图 3-2　研究总体概念模型

两个层面都直接影响组织速度竞争优势的建立，且跨组织私人关系还通过影响组织间合作关系间接影响速度竞争优势的建立。然而对于跨组织私人关系作用的认识，范（Fan）认为私人关系的作用被极大地高估了，没有明确的实证研究证明私人关系多大程度上单独对组织的绩效起作用，同时私人关系作为组织的一种竞争优势是一种谬误，私人关系只能起到战术性的工具作用，是不稳定的，因为商业性的跨组织私人关系更多是功利性、战术性和机会主义特色的[18]。这种观点事实上反映了跨组织私人关系的工具作用观点，认为跨组织私人关系只能起到一种辅助性的调节作用。从速度竞争的研究角度出发，即跨组织私人关系对分销商组织的速度竞争优势没有直接作用或直接作用较小，只是对组织正式合作关系和速度竞争优势之间的积极作用关系起到一种支持性的调节作用，不能独立成为组织速度竞争优势的来源。这种观点显然弱化了人际机制在组织建立竞争优势中的积极作用，值得进行深入探讨。因此，本书建立了与图 3-2 相替代的调节作用假设模型（见图 3-3），希望通过实证分析证明跨组织私人关系不是只对组织间合作关系和速度竞争优势的关系起到调节作用，而是与组织间合作关系同等重要的嵌入性关系。

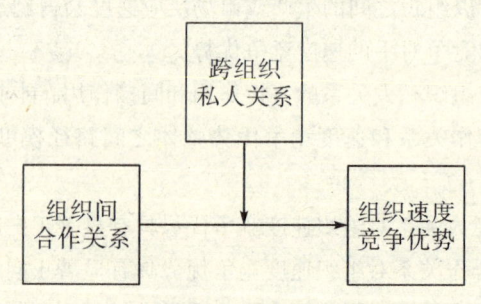

图 3-3　跨组织私人关系调节作用替代模型

3.2.2　结构模型及假设

上文的概念模型主要反映了跨组织私人关系、组织间合作关系和速度竞争优势总体之间的路径关系。然而从三个概念的结构变量分析发现，每个概念包括不同的结构变量，因而结构变量之间的具体路径结构关系有待进一步的深入研究。

对于跨组织私人关系的结构变量，根据私人关系的文献总结，我们发现当前衡量私人关系的结构变量主要分为三类。第一类是直接用私人关系进行衡量；第二类是将具有中国特色的人情、面子和互利作为私人关系的变量；第三类用信任、适应性、互利和互依性等变量从心理和行为的角度进行衡量。本书经过综合权衡，采用第三种衡量方法，认为行为是心理感知的一种外在表现，跨组织私人关系也可以从关系双方私下的交往活动建立起来一种相互信任和相互合作的互惠互利关系。因此，本书可以通过私人交往、个人信任和个人协同三个维度进行衡量，反映关系双方的私下交往，情感信任和利益上的相互协同。

组织间合作关系是一种基于组织双方的利益合作而在工作中互相配合和协作的关系。基于社会心理学的观点，组织间关系可以从组织间的信任、沟通和协同三个方面进行衡量。组织间信任是组织双方内心契约的重要体现，反映了组织双方的相互认同和行为预期。而组织间沟通和协同则反映了组织间在信息沟通和问题协同方面的关系合作行为。也就是说组织间的信任建构了组织双方合作行为的心理基础，只有组织之间建立起了内心的相互信任，合作中才会有良好的沟通和协同，提供的信息也才会更加及时和可靠，想法也才容易统一，分销商组织的产品上市和市场反应速度才能得到及时的提高[34]。

组织的速度竞争优势则反映了组织比竞争对手更快提供产品和服务满足顾客需求、更快调整自己以适应顾客和市场变化的能力。本书从供应链下游的分销商组织角度出发，认为分销商速度竞争优势由超越竞争对手的产品上市和及时适应顾客和市场变化的营销策略调整方面的速度构成，可以综合为单一的速度竞争优势变量。

根据上文的关系作用机理以及跨组织私人关系、组织间合作关系和速度竞争优势的结构变量和整体路径关系模型，本书建立了跨组织私人关系与速度竞争优势具体结构变量之间的结构路径关系模型，见图3-4。

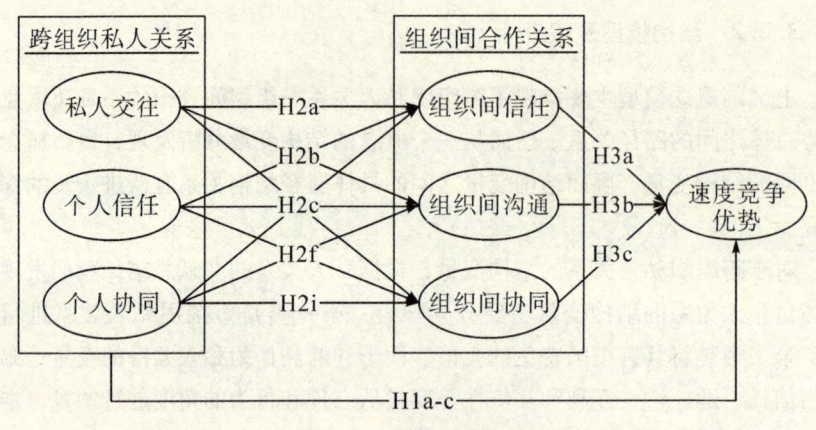

图 3-4　研究结构模型

3.2.2.1　跨组织私人关系对组织速度竞争优势的直接作用
（1）组织间关键人员私人交往与速度竞争优势

组织间关键人员的私人交往是指关键人员在工作地外的互动交往关系，反映了跨组织私人关系外显的行为互动成分，与通常的单一维度的私人关系意义一致。从影响速度竞争优势的因素可以发现，组织速度竞争优势的形成与信息的传递、快速的反应系统紧密相连。而组织间关键员工之间的私人交往就是这种信息传递和沟通的渠道。当组织间的关键人员之间建立起紧密的跨组织私人关系后，组织关键人员之间的这种工作外的私人交往就直接成了组织间信息沟通和问题解决的重要渠道。组织间关键人员既可以通过日常的聚会、娱乐等活动促进双方的相互了解和情感上的沟通，也可以就公司的重要问题进行信息上的交流和沟通。同时，组织的关键人员作为组织的重要影响人员，这种日常的私人交往活动也可以就组织间的争议问题进行及时和非正式的协商。由于双方感情深厚，遇到冲突问题可以在对等或利他原则下互谅互让，因而容易达成一致意见。组织的问题在关键人员的私下交往中就得到了及时解决，避免了正式沟通中层级上报所产生的失真和时间延误，所以，组织的产品通常可以更快地投放市场和进行营销策略调整，及时适应市场和顾客需求的变化，形成优于竞争对手的速度优势，这正反映了跨组织私人关系对速度竞争优势的直接作用，也反映了组织间人际关系机制对组织效率机制的积极作用[36]。因此，综合上述观点，有如下假设：

H1a：组织间关键人员的私人交往对组织速度竞争优势具有显著正向影响。

（2）组织间关键人员个人信任与组织速度竞争优势

根据社会心理学观点，行为是心理感知的一种外在表现[73]，人们内心的认知和情感常常是影响其行为产生的内在动力。无论是社会生活还是在商业活动中，信任与交往都是紧密相关的。在中国，交往更是以信任为前提的，需要通过血缘、朋友等关系来提供交往的保证，许多家族企业甚至以血缘关系作为企业的一种控制手段[20]。因此，个人之间的信任常常可以成为组织间合作的重要心理基础。

信任作为经济学、社会学及管理领域中的一个共同关注的研究主题，学者们从多个角度对其进行了定义。曹玉玲认为，信任是相关一方持有对另一方的行动和结果会令自己满意的一个积极的信心、态度和预期[101]。摩尔根和亨特将信任定义为"一方存在对其交换伙伴可信和诚实的信心"[13]。法因斯等的定义综合了多个学者的观点，认为信任是一种甘愿暴露弱点的心理状态，这种状态基于的是信任者对被信任者的意图和行动都不会损害信任者的利益。从组织的角度而言，安德森将信任定义为"组织相信另一个组织会作出对它有利的活动，不会做会对它产生不利影响的活动的信念"[47]。除此之外，韩小芸、汪纯孝等总结出信任来源于三个层次：善意、诚信、能力，一方对另一方的行为是善意的，不会损害自己的利益，具有满足需要的能力且信守诺言，值得信任[102]。

对于跨组织私人关系中关键人员之间的个人信任，通常是组织间关键人员在日常的交往中建立起来的情感性认同，基于对对方个性、人格和能力的了解，对对方的行为有一个准确的预先判定，相信对方的善意、诚信和能力，愿意与对方进行长期的交往和合作。在分销商组织与其上级合作伙伴的合作关系中，分销商组织与供应商组织的关键人员之间通过私人交往而建立起来的个人信任，常常是组织关键人员之间个人和组织问题协商和沟通的心理基础，由于相信对方的善意、诚信和能力，对方不会损害己方的利益，也有能力完成双方所决定的问题，因而与低信任的关系相比，具有高个人信任的关键人员之间就容易就组织间的沟通和协同问题达成一致意见，组织间的问题就容易得到及时的解决，组织建立速度竞争优势自然就能得到提高。因此，综合上述观点，有如下假设：

H1b：组织间关键人员个人信任对组织速度竞争优势具有显著正向影响。

（3）组织间关键人员个人协同与速度竞争优势

组织间关键人员的个人协同是指关键人员之间就与双方个人利益相关的问题所进行的相互理解、协商让步行为，反映了关键人员在私人交往和内心认同基础上的行动表现。根据社会嵌入理论，组织间的个人关系不是独立于组织之间的经济关系的，组织之间的工作问题常常和关键人员个人的生活紧密相关。因此，组织间关键人员之间对个人相关问题所进行的协商关系，同样也可移植于组织间问题的沟通和协商，毕竟组织间的关键人员的个人利益和组织的利益常常是紧密关联的。如果组织关键人员个人之间能够互谅互让，那么与关键人员利益紧密相关组织之间的合作问题也就能够在关键人员私人协同关系中直接得到积极的协调和解决，有利于提高组织的反应速度。同时，组织间的合作问题纳入组织间关键人员的个人协同中进行协商解决，由于有跨组织私人关系中私人交往和个人信任所形成的情感和信任的基础，因而协调中更容易体现关系交往的对等或利他原则，所以关系双方具有更多的弹性空间，不容易因为自私性的行为而影响双方意见的统一或沟通和协商陷入僵局，因此组织关键人员的个人协同可以直接而积极地解决组织间的争议问题、提高组织的反应速度、形成竞争优势的重要协调渠道。因此，综合上述观点有如下假设：

H1c：组织间关键人员个人协同对组织速度竞争优势具有显著正向影响。

3.2.2.2 跨组织私人关系与组织间合作关系

（1）组织间关键人员私人交往与组织间信任

本书将组织间信任定义为组织一方对另一方的善意、能力和诚信的心理认同，相信对方组织不会损害自身的利益，并且有能力与自己组织进行合作或帮助自己[102]。组织间的信任可以分为计算型信任和关系型信任，计算型信任基于功利性关系，来自于契约的约束或利益的计算；关系型信任则来自于了解，基于了解和感情的建立[103]。因此分销商与上级合作伙伴间的信任可以通过两种渠道获得，一方面可以通过与合作伙伴签订正式契约来建立法律或制度层面的计算型信任[27, 31]，另一方面组织也可以通过员工间的跨组织私人关系来获得，即通过建立关键人员之间的私人交往来获取主观的关系型信任。因为当组织间关键人员具有了良好的私人交往时，由于关键员工自身的地位和影响力，私人关系一方面影响着组织关键人员之间的相互信任，同时也影响着全体员工对对方组织的信任[66]，即组织的其他员工会根据组织关键人员之间的交往密切程度来建构对对方组织的心理认同和行为选择。即组织员工之间可以通过关键人员的交往关系来建立起组织双方的内心信任。组织间关键员工作为组织中具有重要地位和影响力的代表性认为，他们之间密切的私人交往，本身就为组织间其他员工传递一个信号，组织间决策人员已经对对方组织形成了良好的情感和心理认同，这个组织是值得相信的。所以，组织间关键人员的私人交往关系很容易成为组织间信任关系的指南和方向标，很容易转化为组织双方的关系型信任[73, 104]。因此，组织关键人员之间建立起具有良好情感和心理认同的私人关系后，可以从非正式契约的角度大大提高组织整体之间的信任。因此，有如下假设：

　　H2a：组织间关键人员私人交往对组织间信任具有显著正向影响。

（2）组织间关键人员私人交往与组织间沟通和组织间协同

　　组织间沟通是组织之间正式的频繁而及时的信息分享和沟通[13, 14]；组织间协同则是组织双方针对存在的临时冲突行为，一起工作，共同实现目标[13, 14]。本书将组织间协同定义为对合作中的问题特别是有争议问题所进行的相互让步和配合，共同解决合作中的冲突问题。组织间的沟通和协同都需要一定的渠道，除了正式的组织间沟通渠道，关键人员的私人交往也是组织间进行沟通和协同的一条重要渠道。根据社会嵌入理论的观点，关键人员的社会关系与组织之间的经济关系本身就是紧密关联的，组织关键人员之间的交往和互动，本身就可以成为组织之间沟通和协同的一部分，组织间关键人员通过自身私下的交流，交换组织的信息，相互沟通，加深相互的理解。组织间遇到需要协调的问题，关键人员可以在相互之间良好私交情感和信任的基础上，通过私人交往渠道坦诚交换意见，双方可以真心地提出自己的条件和协商的底线，相互理解，协商让步，因而很容易就双方争议的问题达成一致意见。所以，组织间关键人员的私人交往对组织之间信息沟通和工作协同起着重要的渠道功能和正向的激励作用。因此，综合上述观点，有如下假设：

　　H2b：组织间关键人员私人交往对组织间沟通具有显著正向影响。
　　H2c：组织间关键人员私人交往对组织间协同具有显著正向影响。

（3）组织间关键人员个人信任与组织间信任、沟通和协同

　　组织间关键人员个人信任是关键人员之间对对方的善意、诚信的信心，相信对方不会有意图和行动损害自己的利益。同时由于组织间关键人员在组织中的重要地位和影响力，一方面可以代表自己组织的信誉和诚信，同时也可以影响组织其他成员对合作组织的信任。如李（Lee）和道斯发现对供应商销售人员的信任影响购买方对供应商的信任和组织双方的长期合作[66]；王晓玉等发现组织核心人员之间的私人关系与企业间信任关系显著。组织间关键人员之间良好的个人信任显示了组织间核心人员的个人认同，由于他们在组织中的影响作用，奠定了组织间整体信任的基础，所以影响着整体之间的信任程度。

　　同样由于组织间关键人员的影响作用，组织间关键人员的个人信任也会影响组织之间的沟通和协同。一方面，组织间关键人员之间的沟通建立在双方的个人信任之上，同时由于他们的影响力，关键人员的个人信任会影响组织其他

成员对对方组织的判断，相信与自己组织关键人员有良好个人信任的组织的诚信和能力，因而在信息的沟通和矛盾问题的协调上都会更加积极主动。另外，根据前文的人际关系的激励原则，组织的关键人员也会积极地指挥和推动下属与对方组织进行积极的沟通和协同。所以，综合以上观点，有如下假设：

H2d：组织间关键人员个人信任对组织间信任具有显著正向影响。

H2e：组织间关键人员个人信任对组织间沟通具有显著正向影响。

H2f：组织间关键人员个人信任对组织间协同具有显著正向影响。

（4）组织间关键人员个人协同与组织间信任、沟通和协同

组织间关键人员的个人协同是指关键人员之间就与双方个人利益相关的问题所进行的相互理解和协商让步行为。组织间关键人员作为合作组织间的重要个人，他们个人之间就利益等相关问题进行合作协商，事实上为组织之间建立了一种信任的氛围。当组织间的关键人员可以就利益相关的矛盾问题进行协商解决时，组织其他成员也可以从关键人员之间的协调行动中感受到这种信任的氛围，进而影响组织间的信任。同样关键人员之间的个人协同水平，也可以嵌入到组织间的沟通能力和协同之中，组织关键人员可以就个人相关问题以个人协同方式解决，同样组织间的问题可以通过关键人员或在关键人员的领导下进行沟通和协商。组织间沟通和协同问题就通过关键人员之间的协商水平反映在组织的沟通和协同的绩效上了。因此，基于以上观点，有如下假设：

H2g：组织间关键人员的个人协同对组织间信任具有显著正向影响。

H2h：组织间关键人员的个人协同对组织间沟通具有显著正向影响。

H2i：组织间关键人员的个人协同对组织间协同具有显著正向影响。

3.2.2.3 组织间合作关系与组织速度竞争优势

从文献综述的概念界定我们可以发现，速度竞争优势是组织以超越竞争对手的能力快速生产或者快速适应环境的变化。我们从影响组织建立速度竞争的因素分析知道，组织内外部流程系统的配合和人际关系是影响速度竞争优势因素的主要组成部分。因此，从组织外部关系的角度分析，与外部合作伙伴建立良好的合作关系也是提升组织速度竞争优势的重要内容。

（1）组织间信任与组织速度竞争优势

关于组织间信任与组织速度竞争优势的关系，汉德菲尔德和贝克特尔通过实证研究发现买方与供应商之间的信任有利于提高供应链的反应速度[34]。通常组织间的信任建立起了组织双方行动的心理基础，具有良好组织间信任的合作组织边界员工在工作中不会有较多顾虑，员工之间的工作会更加积极主动，遇到问题也会积极去解决，因而有利于组织间提高反应速度，建立竞争速度优

势。所以,有如下假设:

H3a:组织间信任对组织速度竞争优势具有显著正向影响。

(2) 组织间沟通与组织速度竞争优势

组织间沟通是组织之间在工作中频繁而及时的信息分享和沟通[13,14];组织间的信息沟通越顺畅,越及时,提供的信息越准确、可靠,组织间越容易统一想法,组织决策和市场反应的速度都会得到极大提高,因而有利于速度竞争优势的建立。陈(Chen)等通过对美国企业与上游供应商关系的研究发现,生产商与供应商保持良好的交流和长期合作关系,有利于影响组织提高对顾客的反应速度[2];李(Li)等则特别提到与合作伙伴的信息分享程度和信息分享质量有利于组织建立竞争优势,提高产品上市时间[33]。陈华等则提到建立高速的信息系统、产品开发系统和柔性的生产系统是影响组织营销速度的重要因素,说明了组织间信息的获取和交流是影响组织提高速度的重要变量。因此,综合现有的文献,组织间沟通是组织建立速度竞争优势的重要影响因素,因此,有如下假设:

H3b:组织间沟通对组织速度竞争优势具有显著正向影响。

组织间协同则是组织间对合作中的问题特别是有争议问题所进行的相互协商和配合[13,73]。当组织间合作遇到矛盾问题时,组织双方如果能够在互利合作的基础上,及时作出适当的让步或调整行为保护双方的关系和利益,协商解决存在的问题,将极大提高组织间合作的弹性和适应性,使得组织之间能够及时解决存在的问题、化解冲突,因而有利于组织间提高应变能力,建立起超越竞争对手的快速竞争优势,获得更多的市场机会战胜对手[105]。因此,企业综合以上观点,有如下假设:

H3c:组织间协同对组织速度竞争优势具有显著正向影响。

3.2.3 关系组合与速度竞争优势关系模型及假设

3.2.3.1 问题提出

在现实生活中,组织私人关系的选择常常受到成本和社会文化环境的影响而面临两难抉择。在当前的文化环境下,由于法制和监督体制的不够完善,私人关系常常和败德或违法行为相联系,容易出现钱权交易等超关系范围的腐败行为或关系基础上的腐败[18,19]。同时,由于私人关系的建立和维持也需要时间、精力甚至金钱的投入[84],因此许多组织在合作时常常选择放弃或与合作伙伴关键人员之间维持低水平的跨组织私人关系,只选择建立工作环境内的组织间合作关系。然而组织要建立单纯的高水平组织间合作关系,也需要组织突破各种内外部条件的约束才能实现。因此，不是每个组织都能建立高水平的组织间合作关系。因此，在实践中的组织通常会在关键个人的私人关系和单纯的组织间合作关系这两种关系上综合运用，形成不同的关系水平组合，然而，到底哪种关系组合形式能够取得更高的速度竞争优势，当前的理论和实证研究都还比较缺乏。因此，本书希望通过对分销商组织的跨组织私人关系和组织间合作关系水平的调查分析，为分销商组织的关系组合和组织速度竞争优势的关系实践提供理论基础。

3.2.3.2 相关文献和研究假设

对于跨组织私人关系和组织间合作关系两种关系组合与组织速度竞争优势的关系，当前的研究还很匮乏。研究基本关注组织间合作关系中的某一结构维度与速度之间的关系，很少从关系总体的角度进行考虑。如汉德菲尔德通过对采购经理人员的实证调查研究发现，购买方组织与上级供应商之间的相互信任和依赖性有利于提高组织间的反应速度[34]。李（Li）等认为供应链关系实践具体维度中的组织间战略伙伴关系、信息交流和信息质量有助于提高产品的上市速度。综合本书希望从正式和非正式关系整体的角度出发，探索跨组织私人关系和组织间合作关系整体组合与组织的速度竞争的关系，如图3-5。

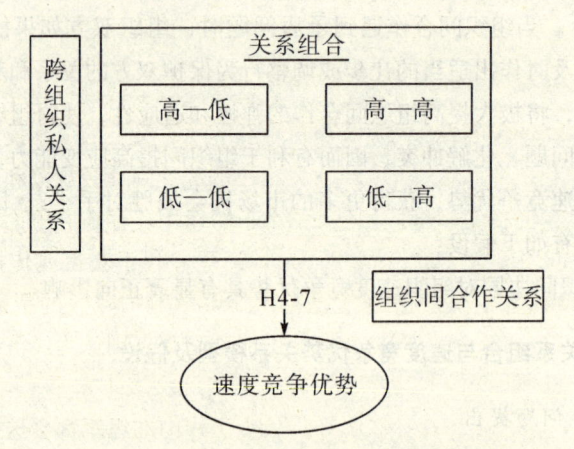

图3-5 关系组合与速度竞争优势关系模型

从前文的假设关系可以知道，个人层面的关键人员跨组织私人关系可以作为组织建立速度竞争优势的直接和间接手段，从关系的作用分析，跨组织私人关系可以通过关键人员之间的私人交往、个人信任和个人协同在高层的渠道直接解决组织的速度有关问题，但是由于组织间关键人员主要关注的是组织中重大问题，而组织与速度有关的问题通常只可能是高层人员决策中的极小部分，组织间大部分的具体问题还得通过组织间其他边界人员在正式工作中来完成，因此，组织间关键人员私人关系对组织速度竞争优势的直接作用应该小于组织间合作关系的直接作用。所以对于采用两种关系一高一低组合的组织，高组织间合作关系低跨组织私人关系组合的组织在速度竞争优势上应该高于高私人关系低组织间合作关系组合的组织，但显然会高于双低关系组合而低于双高关系组合的组织。因此，综合以上观点，本书有如下假设：

H4：跨组织私人关系、组织间合作关系双低组合的组织速度竞争优势最低。

H5：高跨组织私人关系、低组织间合作关系组合的组织在速度竞争优势上低于双高关系组，高于双低关系组。

H6：低跨组织私人关系、高组织间合作关系组合的组织在速度竞争优势上高于双低关系组、高跨组织私人关系低组织间合作关系组，低于双高关系组。

H7：跨组织私人关系、组织间合作关系双高组合的组织速度竞争优势最高。

3.2.4 特征因素与跨组织私人关系水平关系模型及假设

3.2.4.1 问题提出

私人关系是一个需要投入时间、精力、情感甚至金钱进行建立、提升和维护的一种动态联系，因此私人关系既存在着经济学意义上的成本投入，也存在伦理学上的情感和道德问题，所以私人关系还常常受到社会规范和道德舆论环境的约束。同时，现有研究对于不同关系水平的作用还存在着争论，认为强弱关系具有不同的作用，如格兰诺维特认为弱关系有利于获得或传播不同的信息[9]，但也有研究认为强关系有利于获得工作等影响力较大的帮助[12,52]。另外边燕杰和邱海雄的结构约束理论和企业家能动论观点则认为经济结构、企业家的能力等组织的内外部因素会显著影响组织的社会资本水平[106]。因此，组织会将跨组织私人关系维持在什么水平，是否实践中的组织都会选择建立和维持高水平的跨组织私人关系，当前的研究还缺乏深入的理论和实证研究。因此，本书希望进一步分析影响商业合作组织间跨组织私人关系水平问题的影响因素，从组织关键人员的个人特征、组织的特征以及组织所在行业的特征来分析相关因素对跨组织私人关系的水平选择的影响，为实践中企业或组织的跨组织关系建立提供理论依据和指导。

3.2.4.2 相关文献

对于组织与合作伙伴之间的关系，周雪光在引述威廉姆斯的交易成本理论观点时认为组织在寻找合作伙伴之前是一种市场关系，可以在许多相关公司之间进行寻找，可是一旦组织之间达成合作协议，这这种市场关系就变成了一种双边关系，是一种相互依赖的关系，变成了一种少数现象，不能完全用市场机制来进行治理[36]。因此，为了降低合作中由于机会主义行为而产生的激励成本和协调成本，除了正式的合同之外，组织间可以通过隐形合同、关系合同（社会规范、行为准则等不成文制度）来管理组织的行为。跨组织私人关系即是希望通过组织间关键个人之间的关系交往原则和行为规范来起到激励组织间合作行为的作用。

然而对于组织通过关键人员的跨组织私人关系来处理组织双边关系，是否是关系强度越强越好呢？在现有的研究中，格兰诺维特通过对劳动力市场的研究提出了人与人之间弱关系的作用，认为弱关系有利于获得新的信息并且有利于传递不一样的信息[9]。但是比安（Bian）则通过对中国劳动力市场的研究发现中国人更多利用强关系找到工作，且直接和间接的关系都是用于获取工作机会的权利，反映了强关系的作用[12]。姚晓涛则认为比安的理论是对格兰诺维特的补充，弱关系主要用于信息流通方面，强关系则主要用于获取影响力较高的帮助上面，并从结构约束和组织因素两方面实证研究了私人关系与组织成长的依赖关系，认为组织在私营企业和小企业在成长中比较依赖强的私人关系，第三产业则比较依赖弱私人关系的作用[52]。

从现有的对私人关系的研究文献可以发现，现有文献对于组织间私人关系的水平研究并不多，只有边燕杰、邱海雄从组织的社会资本量和姚晓涛等从组织成长的角度分析了个人、组织特征与私人关系或社会资本量之间的关系[52, 106]。而本书则希望探讨合作组织之间是否将私人关系作为组织间加强合作和建立优势竞争的手段，组织的关系水平是否和关键个人的特征、组织的特征和组织所在行业的特征紧密相关。因此从这三个方面建立了图3-6的假设模型。

3.2.4.3 研究假设

（1）个人特征与跨组织私人关系水平

根据边燕杰和邱海雄的企业家能动论的观点，企业家的受教育水平和行政级别对组织的社会资本量（水平）具有显著的正向影响，企业家的能动性反映了他们对社会资本的态度和行为；企业家的受教育程度反映了企业家的能力，决定了企业领导者能否认清经济形势，策划和调整自身行为，能否将发展社会资本的欲望变成现实；地位等级则反映了其调用资源和发挥能动性建立社会资本的能力[106]。与此一样，组织间关键人员作为组织间合作具有重要影响

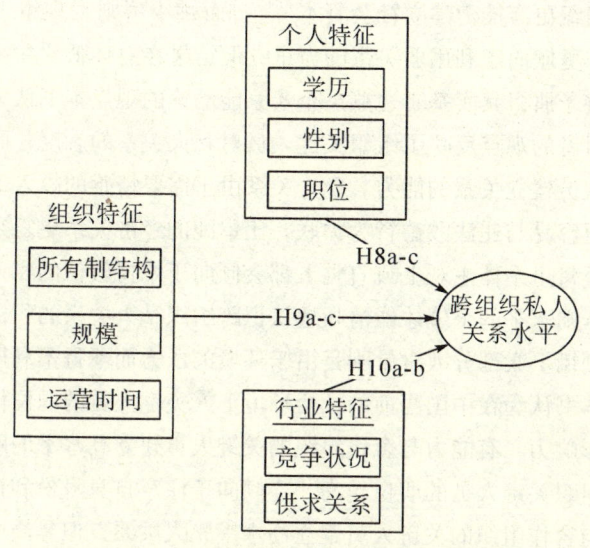

图3-6 特征因素与跨组织关系水平模型

力的边界人员，他们个人的特征常常是影响跨组织私人关系水平的重要因素。通常来说，由于关键人员个人的背景不同，对跨组织私人关系的作用就会具有不同的认知和态度，存在不同的态度倾向和偏好，建立跨组织私人关系的能力和利用资源的能力也不一样，因而与对方组织关键人员保持私人关系的水平也会不一样。对于组织间关键个人的特征，我们综合边燕杰和姚小涛的观点认为成员的学历、性别和行政级别会影响成员对社会关系的认知和能力，因此从组织关键人员的学历、性别和职位等级三个方面来衡量关键人员的个人特征。根据边燕杰企业家能动论的观点，组织关键人员的学历越高，相应的认知能力、文化修养都比较高，虽会对当前私人关系的负面成本持否定态度，但能对私人关系的作用有比较深入的认识，能够清晰地认识和区分其在当前商业合作中的积极作用和消极作用，同时也有能力实现良好的跨组织私人关系的建立，因而组织会理性选择建立较高水平的跨组织私人关系促进组织间的合作和竞争优势的建立。从关键人员的性别特征而言，姚小涛的研究中发现性别与组织的关系依赖有一定的显著性，女性高管更依赖较强的私人关系，但该结论在与组织因素等综合作用的总体模型中并不够显著[52]。因此，本书基于中国的文化特征认为，在中国的社会文化环境下，女性相对比较保守，受环境约束较大，因而女性管理者通常会倾向于与合作组织的关键人员特别是异性人员保持一种工作范围内的个人关系，更愿意远离私人关系或将其维持在较低的水平。而对于关键人员的职位而言，边燕杰基于能动论观点的实证分析发现关键人员的地位越高，代表组织更有能力建立社会资本[106]。而姚小涛则发现组织领导者的地位越高，组织更倾向于利用弱关系的力量，但结果在总体假设中不够显著[52]。二者看似有些矛盾，其实基于边燕杰企业家能动论的观点本书认为这两种观点并不矛盾，后者的观点反映了组织关键人员对私人关系的态度，而前者则反映了组织关键人员建立关系的能力。私人关系由于需要情感的投入，会形成感情上的负债甚至容易与违法败德行为关联，比单纯的经济关系更复杂，因而组织的管理者甚至每个个体主观上或直觉上都会倾向于维持较低的私人关系，只有具有比较高认知水平的个体才能清晰地认识跨组织私人关系的积极和消极作用并进行合理利用。大部分人常常则是由于环境的压力而不得不利用私人关系的积极作用。本书认为在中国当前的社会环境下，关键人员的职位代表着个人的社会地位和影响力，有能力与合作组织的关键人员建立高水平的跨组织的私人关系。尽管组织关键人员的职位越高，会倾向于注意自身身份和社会影响，主观上不愿意与合作组织的关键人员建立高水平私人关系，但是高职位也基本代表着个体的认知水平，能够较清晰地认清组织私人关系的积极和消极作用并合理利用。同时在中国关系社会前提和竞争环境下，组织高职位的关键人员依然不得不积极去利用私人关系实现组织的目标，将自身的地位优势转化为组织间高水平的跨组织私人关系，即关键人员的地位与组织的跨组织私人关系水平呈正比。基于以上观点所以有如下假设：

H8a：组织间关键人员的学历对跨组织私人关系水平具有显著正向影响。

H8b：组织间关键人员中的女性在跨组织私人关系水平上显著低于男性。

H8c：组织间关键人员的职位对跨组织私人关系水平具有显著正向影响。

（2）组织特征与跨组织私人关系水平

组织的特征常常是组织选择私人关系的重要因素。姚小涛从边燕杰的组织结构约束理论观点出发，发现组织的所有制结构与组织成长中的私人关系依赖紧密相关[52]。组织间商业合作也是同样的道理，组织不同的所有制结构常常意味着组织在合作中拥有不同的地位和能力。通常个体企业和民营企业组织由于缺乏政府的主导作用，需要自负盈亏、独自面对各种危机，因此在组织合作中的地位相对较低，需要建立高水平的私人关系来作为维持组织间合作和建立竞争优势的重要手段和保障措施，其中个体企业由于能力最弱，因而跨组织私人关系水平应最高；国有企业由于享有较高的制度保障和优先的资源配置权利，对损失的承受能力较强，因而行动的动力也会相应较低，所以不需要建立高水平的跨组织私人关系来保障组织间的合作和速度竞争优势的建立；合资和外资企业由于受到国外环境的影响，对于中国高关系型的社会文化环境认同度较低，不喜欢将个人关系与工作问题相结合，因而，应该倾向于与合作伙伴维持较低水平的跨组织私人关系，甚至低于熟悉中国文化的国有企业，外资独资的企业应更低于合资企业的跨组织私人关系水平。因此，综合以上观点有如下假设：

H9a：组织所有制结构对跨组织私人关系水平具有显著影响，其中外资、合资、国有企业、民营企业和个体企业的跨组织私人关系水平逐级升高。

法因斯等认为组织间的互依性是供应链组织间关系的重要组成部分[58]，组织间一方对另一方的依赖程度会决定双方在合作关系中的权力对称程度[34]。当组织在合作中处于弱势地位时，通常会倾向于通过利用私人关系去获得对方的认同，即希望获得权力的对称。组织的规模就代表了分销商组织在组织间合作中的权力地位和实力，分销商组织的规模越大，供应商组织对其的依赖性越强，因而就会倾向于用高水平的跨组织私人关系来促进双方的合作关系。所以基于以上观点，有如下假设：

H9b：组织规模对跨组织私人关系水平具有显著正向影响。

姚小涛从组织成长依赖的角度认为组织运营的时间越长，组织越趋向于用弱关系去获得外部支持[52]。这种观点事实上反映了组织的关系依赖愿望，并不能反映组织的真实关系水平。本书从组织间合作关系的角度认为，组织运营的时间越长，组织间关键人员交流的机会越多，相互了解也越深，信任等感情因素也更深，因而跨组织私人关系的水平会更高。因此，有如下假设：

H9c：组织运营时间对跨组织私人关系水平具有显著正向影响。

（3）行业特征与跨组织私人关系水平

对于商业合作组织间的跨组织私人关系水平，外部的行业竞争环境也常常是重要的推动因素。从波特行业角度的竞争优势理论可以知道，行业内各种力量的竞争格局会决定行业的竞争程度和盈利能力，这种竞争格局会影响到组织的行业内组织的经营风险和竞争策略的选择[95]。行业内组织的同类竞争对手越多，竞争越激烈，组织越希望与合作伙伴建立高效的合作关系来获得竞争优势，提高组织的绩效。除了正式的合作机制，关键人员的跨组织私人关系也是组织的重要资源和促进组织间良好合作的重要手段。因此，行业竞争越激烈，组织会越倾向于依赖高水平的跨组织私人关系来促进组织间的合作。同时，行业的供求状况也常常影响上下级合作组织（如供应商和分销商）在合作中的地位关系，一旦产品供不应求或供大于求，组织双方的市场地位就会存在差别，一方就会形成对另一方的关系依赖，双方的权力关系不再对等，高水平的跨组织私人关系就成为了促进组织间合作的一种重要手段。因此，基于以上观点，有如下假设：

H10a：行业竞争的激烈程度对跨组织私人关系水平具有显著正向影响。

H10b：供求关系越不平衡的行业，跨组织私人关系水平越高。

3.2.5 特征因素与组织速度竞争优势水平关系模型及假设

3.2.5.1 问题提出

在当前的商业竞争状况下，对于速度竞争优势的认识和运用仍处于初级阶段。理论界对于速度竞争优势的认识和其在组织中的地位和作用的探索都还相对较少，因而在实践中的运用就更加处于一种自发或者混乱的状态，不是每个组织都会意识到速度竞争优势对于组织的积极作用。另外，基于波特的竞争优势理论，不同行业竞争力量的相互作用，使得行业的竞争程度和盈利水平都存在差异[95]。行业的竞争状况不同，组织对于建立速度竞争优势这样新的竞争优势的积极性也不一样。另外，由于中国东西部发展的不平衡，东西地区的组织在竞争理念、竞争能力的开发和建构等方面也会存在着差异。因此不是每个组织都会具有同样的速度竞争优势水平。所以为了准确探索组织速度竞争优势水平与组织、行业和地域等相关因素之间的关系，我们希望从组织这几方面的特征分析当前中国的分销商组织在速度竞争优势上的差异性水平，为企业速度竞争能力的构建提供发展方向和理论指导。

3.2.5.2 研究假设

对于速度竞争优势的差异性研究，当前的文献较少，现有的研究文献基本都从组织整体竞争优势的角度进行分析。如范钧从中小企业竞争优势影响因素的角度分析发现区域的软环境是影响中小企业竞争优势的重要因素，并从政府服务、社会文化、商业法制和市场环境等多个方面定义了区域软环境的重要维度，从人力资源、财务资源、营销能力和企业家能力等方面定义了竞争优势的维度[107]。武义青等则发现在中国东西部地区和不同行业的组织在竞争能力上面都呈现出东强西弱的局面[108]。波特的五力模型也反映了行业内的竞争激烈程度与组织的竞争地位和竞争策略的选择有紧密的关系[95]。因此，对于分销商组织的速度竞争优势而言，因此，我们可以从组织特征、行业特征和区域特征三个方面来分析相关特征因素与组织速度竞争优势之间的关系，用以反映不同行业、区域和不同特征的组织在速度竞争优势方面的差异性水平，具体模型见图 3-7。

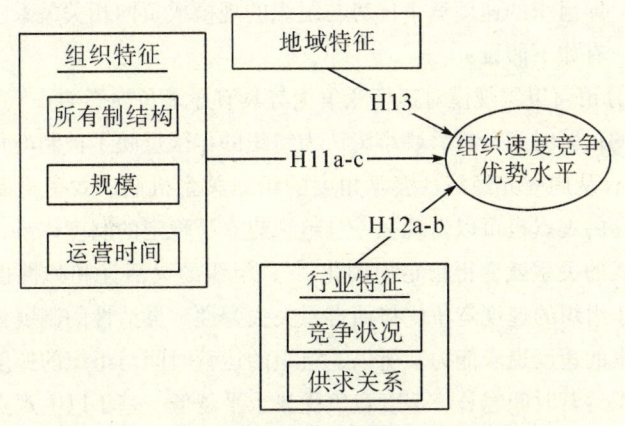

图 3-7　特征因素与组织速度竞争优势水平模型

(1) 组织特征与速度竞争优势水平

对于任何组织而言，力争比竞争对手更快地生产和应对环境变化的速度竞争优势是每个组织不变的追求。但是，由于组织本身的特征和具备的竞争条件不一样，不是每个组织在速度竞争优势的水平高低上都有着一样的选择。如资源能力观的竞争优势理论就反映了组织的这种异质性[94]，前文提到组织速度竞争优势存在战略性速度竞争优势和战术性竞争优势也是这个原因。但是，在资源能力观中并没有从组织特征因素的角度，提到组织的所有制结构、实力、运营时间等相关因素的影响。事实上，在组织的特征因素中，组织的所有制结构常常反映着组织的经营理念、制度的灵活性和适应市场的应变能力。在当前的环境下，国有企业由于机构臃肿、体制不够灵活，因而存在着观念落后、组织协调能力差、市场反应速度较慢等诸多弊病；而民营企业由于所有权结构和内控制度的难题不容易解决，相对于产权明晰的合资、外资企业和个体企业而言，在观念的变化和市场的应变速度等诸多方面都存在一定的差距。因此，不同所有制的组织在速度竞争优势上存在着很大的差异。所以，基于以上观点，有如下假设：

H11a：组织所有制结构对组织速度竞争优势具有显著影响，个体、合资、外资、民营、国有企业的速度竞争水平应逐级降低。

从前文组织速度竞争优势影响因素可以知道，组织的规模是影响速度竞争因素的重要特征，组织的规模越小，组织的灵活性和弹性都比较大，能够及时根据市场和环境的需要进行策略的调整，因而生产和环境变化的速度比较快，而如果组织的规模过大，管理的层次和幅度就会增加，组织的结构就会变得很复杂，容易出现信息传递链条增多、信息失真严重等问题而影响组织生产和市场反应速度。即组织的速度竞争优势与组织的规模成负向相关关系。因此，基于上述观点，有如下假设：

H11b：分销商组织规模对速度竞争优势具有显著负向影响。

从组织的运营时间分析，姚小涛认为组织的年限反映了被制度化的管理体系和观念[52]，从周雪光经济社会学角度的组织关系机制、效率机制和制度合法性机制共存的观点也可以发现，一旦组织建立了稳定的制度体系，组织内的正式和非正式的关系就变得稳定而固化[36]，组织的灵活性和弹性也就相应地减弱了。对于组织的速度竞争优势而言，失去弹性和灵活性的制度化组织意味着失去了基本的速度追求能力。所以，组织的运营时间与组织的速度竞争优势成反比，组织运营时间越长，速度竞争优势水平越低。基于以上观点，有如下假设：

H11c：分销商组织的运营时间对速度竞争优势具有显著负向影响。

(2) 行业特征与组织速度竞争优势水平

波特基于行业角度的竞争优势理论观点认为，行业中五种力量的影响程度决定了行业的竞争程度和获利水平，组织在行业中的竞争优势影响着组织的竞争策略选择[95]。从速度竞争优势的起源分析可以知道速度竞争优势正成为组织低成本和差异化竞争优势之外的新的竞争优势来源。因此，对于分销商组织而言，在行业内面临激烈的市场竞争的时候，追求低成本和差异化外的速度竞争优势就成为一种理想的选择，因为组织的竞争不外乎成本、价值和时间等几方面的竞争。特别是作为战术层面优势的速度竞争优势而言，组织可以利用比对手更快地实现产品的成本优势或独特价值来赢得顾客和战胜竞争对手。所以行业的竞争对手越多、竞争程度越激烈，分销商组织就会比其他竞争不够激烈行业的组织在产品的上市速度、应对顾客需求变化等方面表现得更快、更积极，即反映出更高的速度竞争优势水平。同样，行业中的供求关系越不平衡，组织越倾向于积极获取产品，满足顾客的需求，因而组织都会倾向于从组织自身和上下游合作伙伴进行积极的沟通和协调，使得组织可以更快满足顾客的需求，创造更高的市场业绩。因此，基于以上观点，有如下假设：

H12a：行业竞争的激烈程度对组织的速度竞争优势具有显著正向影响。

H12b：供求关系越不平衡的行业，组织的速度竞争优势水平越高。

(3) 地域特征与组织竞争优势水平

从武义青的研究中我们可以发现，在当前的竞争环境下，中西部地区的企业在竞争能力上还存在一定的差距[108]，西部地区的企业在区域的硬件和软件环境上与东部地区都还存在一定的差距。东部地区企业在竞争理念的认识、竞争环境的紧迫性以及商业文化等各方面都领先于西部的企业。同样，对于速度竞争优势而言，本书认为西部地区在理念的认识、实施的动力和方法等方面也有一定的差距，因此，东部地区的分销商组织应该比西部地区的分销商组织具有更高的速度竞争优势水平。因此，有如下假设：

H13：东部地区的组织速度竞争优势水平显著高于西部地区的组织。

3.3 本章小结

本章主要分析了组织合作中人际关系机制的作用原理，重点分析了跨组织私人关系的作用机理并建立了其与组织间合作关系和组织速度竞争优势的路径关系概念模型。

在组织与合作伙伴之间必须建议一种利益的激励和约束机制，促进组织间实现良好的合作。而组织间人际关系的作用机理主要是通过人际网络渠道传递信息和获取机会，通过对等原则为个人和组织之间的长期交流和合作提供非正式的契约保证和行为激励。组织间关键人员的私人关系主要是为组织间的合作提供信息交流渠道和契约机制的激励和约束作用。

本书研究概念模型的基本理论主要是社会嵌入理论和资源依赖理论，组织间关键人员的跨组织私人关系与组织之间的合作关系是相互嵌入的。组织间关键人员由于在组织间的地位和影响力，可以通过自身的私人交往、个人信任和个人协同影响组织的速度竞争优势，也可以通过影响合作组织中的其他成员的认知和行为而影响组织速度竞争优势的提高。假设认为跨组织私人关系一方面可以直接正向影响组织的速度竞争优势，同时还通过影响组织间合作关系的组织间信任、沟通和协同间接影响组织间速度竞争优势的建立。本章建立了跨组织私人关系、组织间合作关系和速度竞争优势整体之间的概念模型、替代模型以及它们的结构维度相关变量之间的假设路径关系。

在综合跨组织私人关系、组织间合作关系和速度竞争优势之间的结构路径关系的基础上，本文还结合组织在具体实践中的关系水平选择，建立了跨组织私人关系和组织间合作关系水平的双低、双高和高—低、低—高四种关系组合与速度竞争优势之间的假设关系，认为双低关系组的速度竞争优势最低，双高关系最高，高跨组织关系和低组织间合作关系组合的组织速度竞争优势低于高组织间合作关系组织，但高于关系双低组合的组织。

另外，本书还从组织关键人员的个人特征、组织特征和行业特征三个方面分析了这些因素与组织跨组织私人关系水平选择之间的关系，建立了相关具体变量与跨组织私人关系水平之间的假设关系。

最后，文章从组织特征、行业特征和地域特征三个方面分析了相关因素与分销商组织在速度竞争优势水平之间的关系，构建了相关变量之间的假设关系，为该书的整体研究提供了一个完整的研究体系。

4 调研设计与问卷收集

4.1 研究思路与步骤

本书希望通过社会嵌入理论、社会资本理论和资源依赖理论的指导,对具有中国特色的跨组织私人关系在组织间合作和建立组织速度竞争优势方面的积极作用进行系统的理论归纳和实证研究。

在具体的研究设计中,我们希望探讨组织与合作伙伴个人层面的跨组织私人关系与组织层面的业务合作关系对组织速度竞争优势的影响。在现实世界中,许多组织选择建立关键人员之间的私人关系,也有许多组织选择只建立单纯的组织间合作关系,因此,我们希望进一步探讨私人关系的必要性和影响力的大小。即希望从直接作用和间接作用两个方面来判定跨组织私人关系的积极作用,以及是否一个组织只依赖私人关系或组织间合作关系也可以获得良好的速度竞争优势。

我们的研究设计既希望分析跨组织私人关系对组织速度竞争优势的直接作用,同时也希望判定组织间合作关系的中介作用。即组织间私人关系是否可以通过影响组织间合作关系而间接建立组织的速度竞争优势。

接下来,我们希望通过题项选择、问卷设计等方式对与研究有关的变量:私人交往、个人信任、个人协同、组织间信任、组织间沟通、组织间协同和组织速度竞争优势进行概念鉴定和测量。在建立了相关的测试问卷之后,我们希望通过前测和再测分析,对所建立的测量问卷进行信度和效度检验。

最后,我们希望通过大规模的问卷调查收集数据来对变量之间的关系进行测量,并通过 Spss17.0 和 Lisrel8.70 软件对变量之间的关系进行检验,验证相关假设并得出结论。

4.2 调研程序

4.2.1 调查总体确定

跨组织私人关系属于组织间关键人员在工作地外的非正式的个人关系，从关系的作用和重要性出发，我们可以将组织之间员工个人之间的私人关系分为一般个人的私人关系和关键员工之间的私人关系。通常，关键人员由于其在组织中的重要地位和影响力，因而对组织间的合作和组织速度竞争优势的建立具有重要的推动作用。因此，本书选择的研究对象为组织中的关键员工。具体设置为供应链下游分销商企业营销方面的主管人员。但由于各自企业的规模、机构的设置都有所不同，这些主管人员的头衔和职称可能并不一致，有的可能直接是一个个体企业的总经理，有的可能只是一个大型企业在当地的一个部门的部门经理或者这项业务的主管人员，因此，本调查的对象最后确定为一个公司或部门在当地的主管人员。组织间关键人员的私人关系也主要是这些主管人员与其相关的上级供应商关键人员之间的私人关系。其组织间的信任、沟通、协同和速度竞争优势则是他所在组织与供应商合作伙伴的合作关系以及该分销商组织自己的速度竞争优势。

由于私人关系在中国具有深厚的文化根源，在各行各业都有所体现。因此本次研究问卷调查的总体确定为我国不同行业的分销商，主要研究他们与上游供应商关键人员的跨组织私人关系、组织间合作关系和该分销商组织的速度竞争优势以及它们之间的相互关系。调查主体所在的行业主要集中在装饰建材、服装、机械汽车、食品饮料和电器行业。在这些行业之中，装饰建材、机械汽车行业由于资本投入较大，通常规模较大，运作的专业化、品牌化较强，市场理念和关系管理的现代化观念更趋于前沿，服装和电器行业的规模和专业化、品牌化中等，而食品饮料行业属于快速消费品，产品投入成本较小，组织的规模也较小，运作的专业性和品牌化较弱。因此，这些组织在现代化的经营理念和关系认识上面应该存在不同的差异，对于中国特色的跨组织私人关系在组织中的具体应用也应该存在显著的差异。因此，本书研究的主体集中在这些不同的行业，还有利于在行业之间进行对比研究，探讨不同行业在跨组织私人关系方面的应用以及其组织在速度竞争优势影响方面的差异性。同样，样本的主体也包括不同性质的企业。因为在当前中国的经济形势下，选择不同所有制的组织进行调查研究正好有利于研究当前各种企业组织在运用现代的组织合作、客户关系管理、关系营销思想以及传统中国私人关系思想方面的差异状况，也有利于进行进一步的比较研究和对比分析。

4.2.2 抽样方案及调研程序

根据市场调查的经验，通常邮寄问卷的回复率都比较低，为了保证样本的代表性并取得足够的样本进行可靠的统计分析，本书选择了从全国的一二级城市进行抽样。首先根据样本收集的方便性，我们选定西部的二级城市宜宾作为问卷前测的样本收集城市，在完成问卷的前测和修正之后，我们选择了具有代表性的西部省会城市成都、乌鲁木齐和东部经济发达的城市上海、广州、深圳等进行样本抽样。具体的调查地点通常选定该城市的分销企业较为集中的大型专业批发市场进行上门抽样调查。具体抽样方法如下：

首先，我们以代理商或经销商为抽样单位。采用随机抽样中的方便抽样方法，调查人员上门告知调查对象是有酬劳的问卷填写，研究不涉及公司的商业机密，只是一般的学术性调查，旨在探讨中国的人际关系对于组织合作和速度竞争优势方面的作用，在得到调查对象的许可并确认对方的关键人员身份后，就目标对象进行问卷填写，对于有不清楚的地方，调查人员通常会及时给予非提示性的解释，同时也可对问卷填写中的行为等进行适当的指导和监督，最后调查人员会赠送礼物并对调查对象表示谢意。

其次，前期问卷的前测和再测问卷主要在作者工作所在地的二级城市宜宾完成。在第一次的问卷收集时就确认了问卷对象是否愿意接受第二次同样的再测调查，对同意接受重复调查的对象进行编号，并间隔两个星期后对其中的47位调查对象进行了重测，第一次调查完成后，我们对问卷进行初步分析，确定各前导变量与结果变量存在相关关系。然后，在对问卷删除了不相关的题项和修正后，我们对成都、乌鲁木齐、广州、深圳和上海等目标城市进行了大规模的问卷发放，调查都是由宜宾学院的教师和在校大学生完成，调查者在调查前都经过了系统的理论知识和实践技巧培训，充分保证了问卷收集的质量和任务的圆满完成。

4.3 问卷设计与前测检验

4.3.1 问卷设计程序

问卷的设计是一个科学而系统的工程，首先需要对与研究有关的变量进行清晰的定义，在明确每个变量的内涵和准确含义基础上，还需要对变量所包括的层次、内容进行归纳并总结出每个变量的结构维度。我们通过理论归纳、定性访谈以及总结相关研究中的测量方法建立相应的题项库，然后通过小范围的数据收集对问卷的题项关系进行前测，删去不相关的题项，判定其信度。接下来，通过进一步的大规模问卷收集，运用探索性因子分析和验证性因子分析进一步验证和纯化题项，保证问卷的信度和效度，使得问卷能够准确而可信地测量研究的问题。

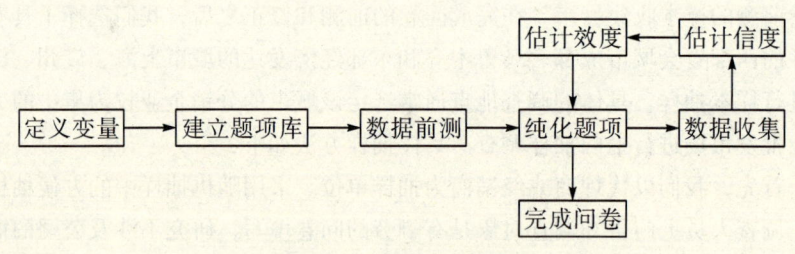

图 4-1　问卷开发步骤

4.3.2　问卷开发与前测检验

因此，为了保证研究的信度和效度，我们对研究问卷的题项进行了精心的设计，问卷的题项尽量采用国内外已经发表的权威学术论文使用过的量表，有些问题是将英文直接翻译成中文，有些问题是根据中国的实际情况做了适当修改，尽量保持与变量的原意一致。具体而言，本书的变量，主要参考了我国学者庄贵军、王晓玉以及国外学者摩尔根和亨特、陈（Chen）、法因斯、纳加尔（Bhatnagar）等人的研究来设计完成的[2, 13, 14, 21, 22, 27, 69, 105]。在翻译和借鉴国内外学者已有量表的基础上，作者进行了反复的分析、讨论和修改，为变量设立了相应的题项。初期量表共有 65 个题项，变量均用 Likert 5 分量表形式进行衡量，被调查者用打钩的方法指出他们对于这些表述同意与不同意的程度。（1 表示完全不同意，2 表示基本不同意，3 表示无意见，4 表示基本同意，5 表示完全同意）。同时变量和题项的论证经过了与一名管理学教授、两名行为学博士生和 3 名实务工作者反复讨论和审核，主观评价保证了各变量的测量具有较好的内容效度。

接下来我们通过对二级城市宜宾的经销商或代理商进行了问卷的前测和再测分析，所有样本都为便利样本。选取对象为宜宾市服装、家居装饰、机械汽车、电器和食品饮料 5 个行业的主管人员（关键人员），第一次调查共收回问卷 60 份。整理后最终确认其中 56 份回答问卷为有效样本。由于前测只需要在单个变量的水平上进行分析,这个样本量已经满足了样本量是变量数目 5~10 倍的标准。两个星期后我们对这 56 份样本进行同样的问卷测试,以测试问卷的重复测试信度,回收整理后得到 47 份有效问卷。接下来,我们对收回的重测问卷和前测数据采用了 Spss17.0 统计软件进行了相关分析,发现相关系数大于 0.5,显示量表具有外部信度。接下来我们对测量的数据进行探索性因子分析,在特征值为 1、最大化方差旋转、载货系数都大于 0.5 的条件下,我们提炼出了与本书有关的研究变量及其题项,并进行了相应的因子命名和信度检测。

4.3.2.1 跨组织私人关系

(1) 问卷设计及因子提取

对于跨组织私人关系的测量量表,我们主要参照了庄贵军和王晓玉的私人关系测量量表。本书将跨组织私人关系定义为组织间关键人员在工作地外的私人朋友关系,涉及双方一系列的信息、情感和利益的互动交流[21,27,98]。对于跨组织私人关系的结构维度,现有的文献尚缺乏统一的测量题项。本书主要根据社会心理学观点,行为是感知的一种外在表现,跨组织私人关系是组织间的关键人员在日常的工作和生活交往活动建立起来的一种相互信任和互惠合作的人际关系,关系的内容涉及日常交往、情感信任和利益的互惠等几个方面,因此,本书认为跨组织私人关系可以从私人交往、个人信任和利益方面的个人协同三个维度进行衡量。

私人交往主要指组织间关键人员在工作外私人性质的聚会、娱乐、人情往来等情感和信息的沟通,与王晓玉、庄贵军对私人关系的测量内容相近,因此,本书私人交往变量的测量题项主要采用了庄贵军[21-22]和王晓玉[27,70]的测量题项,根据本书的具体情况进行了适当的综合和修改。因此,我们主要从组织关键人员之间的交互的频率、私密性信息沟通、交互意愿以及互助活动的程度来反映组织间关键人员的私人关系水平。

本书将个人信任鉴定为组织间关键人员在日常的交往中建立起来的情感性认同,是基于对对方个性、人格和能力的了解而作出的对对方行为的预判,相信对方的善意、诚信和能力,愿意与对方进行长期的交往和合作。本书参照了庄贵军[21,22],王晓玉[27,69]的研究题项,从组织间关键人员的情感认同、互助意愿、互助信心、秘密的保守等角度对关键人员之间的个人信任进行了度量。

而组织间关键人员的个人协同是指关键人员之间就双方个人利益相关的问题所进行的相互理解和协商让步行为,反映了关键人员在信任基础上的合作行动表现。组织间关键人员的个人协同主要借鉴了李(Lee)和戴维斯[66]、王晓玉[27,69]的研究题项，从个人间的冲突问题和利益问题的协商状况来反映关键人员之间的协同水平。具体内容见表4-1。

同时，在问卷的设计中，为了将跨组织私人关系与工作内的人际关系相区分，我们特意在问卷的题项前面区分了题项环境，限定了题项发生的环境为组织关键人员与上级供应商关键联系人员在工作外的私人交往状况。

表4-1 跨组织私人关系初始测试量表

因子	量表中的题项	题项来源
私人交往	1. 我们私下是很好的朋友。 2. 我们经常私下接触，如在一起吃饭或参加某些活动。 3. 过年过节我们都会互赠礼物表示问候。 4. 我们经常讨论一些私人问题。 5. 我们私下讨论一些公司的内部信息。 6. 我们在生活中常常相互照顾。 7. 要不是为了我们公司，我不愿与他或他们接触。 8. 要不是有求于我们公司，他或他们不愿与我接触。	题项的设计主要借鉴了庄贵军，席酉民[21,22]等、王晓玉[27,69]的研究题项，结合本书的具体情况开发。
个人信任	1. 我们经常互给面子，相互尊重。 2. 他们帮了我，我一定会帮他。 3. 我不喜欢欠他或他们人情。 4. 我帮他们是希望他们也会帮助我。 5. 他或他们帮我，是希望我也会帮他们。 6. 作为朋友，他或他们在我有困难的时候肯定会帮我。 7. 作为朋友，他或他们不会欺骗我。 8. 作为朋友，他或他们会保守我的秘密。 9. 我们的关系是经过长时间考验的。	题项的设计主要借鉴了庄贵军，席酉民[21,22]等、王晓玉[27,69]的研究题项，结合本书的具体情况开发。
个人协同	1. 我们之间有事都好商量。 2. 我们之间遇到利益冲突时，我们会考虑对方的利益。 3. 我们之间遇到利益冲突时，对方也会考虑我的利益。	题项的设计主要借鉴了李（Lee）和戴维斯[66]王晓玉[27,69]的研究题项，结合本书的具体情况开发。

接下来，我们利用Spss17.0统计软件对前测的56份问卷进行了探索性因子分析，设定特征值为1、最大化方差旋转。结果共提炼出了三个因子，KMO适合度检验值为0.763，方差累计解释度为71.442%。见表4-2、表4-3。

从探索性因子分析的结果可见测量题项中的组织间关键人员在私下的吃饭或活动、过年过节的礼物或问候、生活中的互相照顾以及私下问题讨论和私下的公司内部信息讨论5个题项被归为一类，题项的内容反映了组织间关键人员在工作外的情感、互助和信息的沟通状况，与私人交往变量设置的假设相一致，因此本书将其命名为私人交往。

个人信任的测试题项中的四个题项：作为朋友，他或他们在我有困难的时候肯定会帮我；作为朋友，他或他们不会欺骗我；作为朋友，他或他们会保守我的秘密；我们的关系是经过长时间考验的四个题项被归为一类，反映了组织关键人员之间的诚信、信任水平，与研究假设一致，因此命名为个人信任。

表4-2　　　　　　　　跨组织私人关系方差累计解释度

解释的总方差									
成分	初始特征值			提取平方和载入			旋转平方和载入		
	合计	方差(%)	累计(%)	合计	方差(%)	累计(%)	合计	方差%	累计%
1	5.208	43.401	43.401	5.208	43.401	43.401	3.199	26.656	26.656
2	2.051	17.092	60.493	2.051	17.092	60.493	2.927	24.395	51.05
3	1.314	10.949	71.442	1.314	10.949	71.442	2.447	20.391	71.442
4	0.783	6.521	77.963						
5	0.656	5.468	83.431						
6	0.489	4.073	87.503						
7	0.46	3.835	91.338						
8	0.303	2.523	93.861						
9	0.287	2.391	96.252						
10	0.212	1.77	98.022						
11	0.13	1.081	99.103						
12	0.108	0.897	100						

表4-3　　　　　跨组织私人关系旋转后的方差矩阵

旋转成分矩阵			
	成分		
	1	2	3
X18	0.866	-0.022	0.265
X20	0.866	0.137	0.08
X21	0.776	0.251	-0.02
X19	0.748	0.129	0.078
X24	0.579	0.195	0.327
X31	0.129	0.889	0.195
X32	0.069	0.839	0.192
X33	0.185	0.811	0.162
X30	0.275	0.663	0.337
X35	0.083	0.213	0.901
X36	0.223	0.181	0.891
X34	0.124	0.346	0.661

题项我们之间有事都好商量；我们之间遇到利益冲突时，我们会考虑对方的利益；对方也会考虑我的利益三个题项被归为一类，反映了关键人员之间的冲突问题的协商水平，与研究假设一致，因此，命名为个人协同。

（2）信度检验

信度检验是希望检验量表测试的可信性程度。我们采用内部一致性来测试构造变量的信度，以Cronbach's α 值是否大于 0.70 作为判断信度是否合格的标准。对提取的因子进行信度检验，检验结果表明，变量的内部一致性信度 α 均都大于 0.7 的标准，其中跨组织私人关系的 Cronbach's α 系数为 0.854，个人信任的 Cronbach's α 系数为 0.870，个人协同的 Cronbach's α 系数为 0.847，总的 α 系数为 0.876，都大于 0.7 的标准，表明跨组织私人关系量表的测量信度很好。见表4-4。

表 4-4　　　　　　　　跨组织私人关系量表及信度

因子	量表中的题项	α	因子载荷
私人交往	1. 我们经常私下接触，如在一起吃饭或参加某些活动。	0.854	0.866
	2. 过年过节我们都会互赠礼物表示问候。		0.748
	3. 我们经常讨论一些私人问题。		0.866
	4. 我们私下讨论一些公司的内部信息。		0.776
	5. 我们在生活中常常相互照顾。		0.579
个人信任	6. 作为朋友，他或他们在我有困难的时候肯定会帮我。	0.870	0.663
	7. 作为朋友，他或他们不会欺骗我。		0.889
	8. 作为朋友，他或他们会保守我的秘密。		0.839
	9. 我们的关系是经过长时间考验的。		0.811
个人协同	10. 我们之间有事都好商量。	0.847	0.661
	11. 我们之间遇到利益冲突时，我们会考虑对方的利益。		0.901
	12. 我们之间遇到利益冲突时，对方也会考虑我的利益。		0.891

4.3.2.2　组织间合作关系

（1）问卷设计及因子提取

对于组织间合作关系，本书认为是一种组织整体之间基于双方的利益合作而产生的在工作中互相配合和协作的关系。既包括组织之间基于契约构成的组织之间的相互信任，也包括组织间在信息上的积极沟通和行动上协同配合的合作行为。对于组织间合作关系的测量量表的设计，本书主要参照摩尔根和亨特、布莱恩（Brian）、法因斯（Fynes）等的设计量表进行设计。

其中组织间信任是指组织一方对另一方的善意、能力和诚信的心理认同，相信对方组织不会损害自身的利益，并且有能力与自己组织进行合作或帮助自己[57,102]。结合摩尔根和亨特、布莱恩、法恩斯的测量量表[13,58]，我们设置了相应的题项反映组织之间在工作中对对方公司能力和员工品德的认同，以及对公司善意的判定和相互之间的互信水平认定。分别是工作中的相互信任、相信对方公司肯定帮助我们公司、相信对方有能力满足我们公司要求，相信对方公司的员工都是诚实正直的四个题项。

组织间沟通主要反映组织之间在正式的信息和业务方面沟通的及时性和互动程度。我们参照布莱恩法因斯等的量表从信息沟通的及时性、频率、沟通的意愿和主动性四个方面构建沟通的题项。分别是：双方都积极提供自己所掌握的信息帮助对方；当遇到对对方有影响的事件发生时，我们都会通知对方；我们交流信息都很及时；我们沟通很频繁四个题项。

组织间协同则主要反映组织整体之间在工作中的相互理解、协同让步的工作中的配合行为。由于选择的对象主要是下游从事销售工作的经销商或代理商，因此我们在参照摩尔根和亨特、布莱恩、法因斯组织合作和适应性量表的基础上，与组织的营销业务进行了适当的结合。反映分销商和代理商在具体的4P（产品、定价、促销和渠道）营销业务方面的协调配合情况。分别是组织与上级供应商在产品销售数量或种类上的配合、销售人员的协调配合、销售策略的协调以及在卖场布置上的协调配合共八个题项。具体内容见表4-5。

表4-5　　　　　　　　组织间合作关系初始测试量表

因子	量表中的题项	题项来源
组织间信任	1. 我们和对方公司相互信任。 2. 我们相信对方公司肯定会帮助我们公司。 3. 我们相信对方公司有能力满足我们的要求。 4. 对方公司与我们接触的员工都很诚实正直。	题项主要在参考摩尔根和亨特、布莱恩法因斯[13,58]的量表基础上开发而成。
组织间沟通	1. 双方都积极提供自己掌握的信息帮助对方。 2. 当遇到对对方有影响的事件发生时，我们都会及时通知对方。 3. 在工作中，我们公司之间交换信息都很及时。 4. 在工作中，我们公司之间沟通很频繁。	题项主要在参考布莱恩法恩斯[2,58]的量表基础上开发而成。

表4-5(续)

因子	量表中的题项	题项来源
组织间协同	1. 我们会和对方公司共同商讨销售哪些产品更有利。 2. 我们会和对方公司共同制订销售计划或销售方案。 3. 我们会和对方公司对销售活动进行充分合作。 4. 我们会和对方公司共同解决质量问题。 5. 我们会根据对方公司要求调整产品销售的数量或种类。 6. 我们会根据对方公司要求调整销售人员配备。 7. 我们会根据对方公司要求调整营销方案。 8. 我们会根据对方公司要求调整卖场布局。	题项主要在参考Morgan 和 Hunt、Brian Fynes[13,58]的量表基础上开发而成

接下来我们利用Spss17.0统计软件对前测的56份问卷进行探索性因子分析，设定特征值为1、最大化方差旋转，分析结果共提炼出三个因子，KMO适合度检验值为0.695，方差累计解释度为65.508%，见表4-6。

其中因子提出的结果显示，组织间信任的四个题项归为一类，与题项假设设置一致，分别是工作中的相互信任、相信对方公司肯定帮助我们公司、相信对方有能力满足我们公司要求，相信对方公司的员工都是诚实正直的，因此直接命名为组织间信任。

表4-6　　　　　　　　　　组织间合作关系方差解释度

成分	解释的总方差							
	初始特征值			提取平方和载入			旋转平方和载入		
	合计	方差(%)	累计(%)	合计	方差(%)	累计(%)	合计	方差(%)	累计(%)
1	3.114	31.140	31.140	3.114	31.140	31.140	2.676	26.760	26.760
2	2.031	20.305	51.445	2.031	20.305	51.445	2.131	21.312	48.072
3	1.406	14.063	65.508	1.406	14.063	65.508	1.744	17.436	65.508
4	0.845	8.452	73.959						
5	0.782	7.816	81.776						
6	0.514	5.140	86.915						
7	0.445	4.446	91.362						

表4-6(续)

解释的总方差									
8	0.364	3.642	95.004						
9	0.296	2.958	97.962						
10	0.204	2.038	100.000						

表4-7　　　　　　　　　　组织间合作关系因子提取

旋转成分矩阵			
	成分		
	1	2	3
X13	0.892	-0.075	0.044
X16	0.887	-0.013	0.033
X15	0.783	0.119	0.224
X14	0.594	0.307	0.187
X11	0.125	0.743	-0.159
X10	-0.016	0.725	-0.262
X12	-0.034	0.699	0.332
X9	0.105	0.663	0.164
X4	0.066	0.063	0.886
X3	0.310	-0.078	0.799

组织间沟通的四个题项中只有我们交流信息都很及时和我们沟通很频繁两个题项归为一类。组织间协同共有四个题项归为一类，分别是组织与上级供应商在产品销售数量或种类上的配合、销售人员的协调配合、销售策略的协调以及在卖场布置上的协调配合。根据题意，我们将这两个因子分别命名为组织间沟通和组织间协同。见表4-7。

(2) 信度检验

接下来，通过Spss17.0对提取的因子进行信度检验。检验结果表明，变量的内部一致性信度α均都大于或等于0.7的标准，其中组织间信任的Cronbach's α系数为0.807，组织间沟通的Cronbach's α系数为0.723，组织间协同的Cronbach's α系数为0.697。总的α系数为0.711，大于或等于0.7的标准，表明组织间合作关系量表的测量信度较好，可以相信。见表 4-8。

表 4-8　　　　　　　　　组织间合作关系量表及信度

因子	量表中的题项	α	因子载荷
组织间信任	1. 我们和对方公司相互信任。	0.807	0.892
	2. 我们相信对方公司肯定会帮助我们公司。		0.594
	3. 我们相信对方公司有能力满足我们的要求。		0.783
	4. 对方公司与我们接触的员工都很诚实正直。		0.887
组织间沟通	1. 在工作中，我们公司之间交换信息都很及时。	0.723	0.799
	2. 在工作中，我们公司之间沟通很频繁。		0.886
组织间协同	1. 我们会根据对方公司要求调整产品销售的数量或种类。	0.697	0.663
	2. 我们会根据对方公司要求调整销售人员配备。		0.725
	3. 我们会根据对方公司要求调整营销方案。		0.743
	4. 我们会根据对方公司要求调整卖场布局。		0.699

4.3.2.3　组织速度竞争优势

（1）问卷设计及因子提取

组织速度竞争优势是指组织比竞争对手更快生产产品满足顾客需求、更快调整自己以适应顾客和市场变化的能力。本书从分销商的角度考虑，认为分销商的速度竞争优势是组织以超越竞争对手的更快产品上市和更快的市场应对策略适应顾客和市场的变化能力。速度竞争优势的量表主要参考了李素红（Suhong Li）的上市时间量表和罗伯特 B. 汉德菲尔德（Robert B. Handfield）反应速度量表的测量题项[33, 34, 63, 105]，与分销商组织的营销业务进行了适当的结合，用以反映分销商在具体的营销活动中产品的上市速度和应对市场变化的反应速度，设置的题项主要包括与同行（同样或者同类品牌）相比：我公司存货周转更快，提前订货时间更短，我公司产品订货到上市时间更短以及我公司在市场变化时我公司调整产品种类和数量的速度更快、我公司调整价格更快、我公司调整营销方案更快六个题项。

表 4-9　　　　　　　组织速度竞争优势方差累计解释度

成分	初始特征值			提取平方和载入		
	合计	方差（%）	累计（%）	合计	方差（%）	累计（%）
1	2.632	62.631	62.631	2.632	62.631	62.631
2	0.936	8.718	71.349			
3	0.596	11.928	83.277			
4	0.441	8.827	92.105			
5	0.395	7.895	100.000			

同样利用 Spss17.0 统计软件对前测的 56 份问卷在设定特征值为 1、最大化方差旋转的情况下进行探索性因子分析，结果提炼出 1 个因子，与研究设计的产品上市和市场反应速度一致，因此，因子就命名为组织速度竞争优势。KMO 适合度检验值为 0.747，方差累计解释度为 62.631%。见表 4-9、表 4-10。

表 4-10　　　　　　　组织速度竞争优势因子提取

成分矩阵	
	成分
	1
X61	0.751
X58	0.736
X59	0.73
X57	0.71
X60	0.699

（2）信度检验

Spss17.0 对提取的因子进行信度检验的结果表明，变量的内部一致性信度的 Cronbach's α 系数为 0.774，大于 0.7 的标准，表明组织速度竞争优势量表衡量的信度较好，可以相信。见表 4-11。

表4-11　　　　　　　组织速度竞争优势量表及信度

因子	量表中的题项	α	因子载荷
组织速度优势	1. 与同行相比，我公司提前订货时间更短。	0.774	0.71
	2. 与同行相比，我公司产品订货到上市时间更短。		0.736
	3. 与同行相比，我公司调整产品种类和数量的速度更快。		0.73
	4. 与同行相比，市场变化时，我公司调整价格更快。		0.699
	5. 与同行相比，市场变化时，我公司调整营销方案更快。		0.751

4.4　问卷收集与样本概括

在前测分析的基础上，我们对前期问卷中一些多余和不相关的题项进行了删除，在此基础上完成了正式问卷的设计工作。正式问卷共有49个题项。接下来，本次研究从2009年2月至2010年7月开始了在中国具有代表性的东西部城市成都、乌鲁木齐、上海、广州和深圳进行正式的大规模调查，由于调查都是由具有相关专业背景和培训的大学教师和管理专业大学生直接上门对调查对象进行调查，所以问卷的有效性比较令人满意。此次调查的样本中，共收回问卷717份，其中有效问卷580份，占80.9%。问卷的行业基本分布在机械汽车、电器、服装、食品饮料和装饰建材五个行业，企业的性质涉及国有、民营、外资独资、合资和个体五种所有制企业，企业年销售总额从1百万以下到五千万以上不等，问卷的基本特征见表4-12。

表 4-12　　　　　　　　　　　问卷基本特征

特征		频率	%
企业所属行业	机械汽车	67	11.6
	电器	80	13.8
	服装	114	19.7
	食品饮料	89	15.3
	装饰建材	186	32.1
	其他	44	7.6
企业资产年销售总额	1百万以下	205	35.5
	1百万至5百万	192	33.3
	5百万至1千万	76	13.2
	1千万至5千万	49	8.5
	5千万以上	55	9.5
企业性质	国有企业	20	3.5
	民营企业	178	30.8
	合资企业	42	7.3
	外资独资企业	26	4.5
	个体企业	312	54
企业运营时间	三年以下	79	13.6
	三至五年	143	24.7
	五至十年	216	37.4
	十至二十年	106	18.3
	二十年以上	35	6
填写者学历	小学及以下	15	2.6
	初中	96	16.6
	高中	233	40.3
	大学	210	36.3
	研究生及以上	24	4.2

表4-12(续)

特征		频率	%
填写者性别	男	335	58.1
	女	242	41.9

4.5 本章小结

本章的内容主要包括研究设计的思路、问卷设计的步骤和调研的程序。研究的思路主要是通过建立组织间私人关系作用原理的相关理论基础，建立相应的概念模型，接下来通过题项和问卷设计完成了对跨组织私人关系、组织间合作关系、组织速度竞争优势等相关概念的鉴定和测量。

接下来本书选定宜宾地区的分销商主管人员进行了问卷的前测和再测工作，通过 SPSS 软件对前测数据进行了探索性因子分析，对相关变量进行了因子的提取，检测了问卷的内部一致性效度和再测效度，并对部分题项进行了删除。接下来，本书通过对西部城市的成都、乌鲁木齐和东部城市上海、广州和深圳进行了大规模的问卷收集工作，共获得最终问卷 717 份，其中有效问卷 580 份，圆满完成了数据收集的工作。调研的对象主要分布在装饰建材、机械汽车、服装、电器和食品饮料行业。

5 数据分析与检验

本章先主要通过 Spss17.0 统计软件对正式调查的数据进行检验和探索性因子分析，接下来运用 Lisrel8.70 结构方程模型分析软件对变量之间的关系进行验证性因子分析，并对变量之间的路径关系进行验证分析。

5.1 描述性统计分析

描述性分析主要是分析数据的分布情况，主要通过对各个变量的均值和标准偏差的分析判定各个研究变量的集中和离散的趋势，可以看出各个变量的总体水平，有利于对研究假设的成立进行初步的判断[109]。

5.1.1 跨组织私人关系描述性分析

表 5-1　　　　　跨组织私人关系描述性统计分析

	N	极小值	极大值	均值	标准差
GXCOM1	580	1	5	3.24	1.22
GXCOM2	580	1	5	3.42	1.24
GXCOM3	580	1	5	2.98	1.3
GXCOM4	580	1	5	3.05	1.3
GXCOM5	580	1	5	3.33	1.22
IBEL1	580	1	5	3.57	0.97
IBEL2	580	1	5	3.56	1.6
IBEL3	580	1	5	3.54	0.98
IBEL4	580	1	5	3.71	1.07

表5-1(续)

	N	极小值	极大值	均值	标准差
INEGO1	580	1	5	3.97	0.92
INEGO2	580	1	5	3.64	1.03
INEGO3	580	1	5	3.53	1

从跨组织私人关系的关系交往（GXCOM）、个人信任（IBEL）和个人协同（INEGO）三个维度变量的均值看个人协同的得分最高，而私人交往的得分较低，但基本都大于3的平均水平，说明各个组织在跨组织私人关系方面的总体水平维持在较高水平。见表5-1。

5.1.2 组织间合作关系描述性分析

组织间合作关系的三个结构变量：组织间交流（COM）、组织间协同（NEGO）和组织间信任（BEL）的描述性分析结果可以看出组织间沟通的得分最高，组织间协同的得分较低，但也到高于3的水平，说明组织间总体的合作关系也维持在较高水平。见表5-2。

5.1.3 组织速度竞争优势描述性分析

组织速度竞争优势描述性分析的结构表明组织速度竞争优势的结果表明速度竞争优势也维持在较高的水平。见表5-3。

表5-2　　　　组织间合作关系描述性统计分析

	N	极小值	极大值	均值	标准差
COM1	580	1	5	4.08	0.97
COM2	580	1	5	4.03	1
NEGO1	580	1	5	3.83	1.1
NEGO2	580	1	5	3.38	1.16
NEGO3	580	1	5	3.63	1.1
NEGO4	580	1	5	3.6	1.16
BEL1	580	1	5	4.22	0.9
BEL2	580	1	5	3.87	1.02
BEL3	580	1	6	3.88	0.97
BEL4	580	1	5	3.96	0.9

表5-3　　　　　　　　组织速度竞争优势描述性统计分析

	N	极小值	极大值	均值	标准差
SPEED1	580	1	5	3.61	0.93
SPEED2	580	1	5	3.64	0.88
SPEED3	579	1	5	3.75	0.9
SPEED4	580	1	5	3.71	0.94
SPEED5	579	1	5	3.7	0.95

5.2 探索性因子分析

本书采用Spss17.0统计软件对研究的正式数据进行探索性因子分析，然后通过因子的提取确定测量量表中各个变量与题项之间的相互关系，最后利用信度分析测量各个变量的Cronbach's α系数，判定每个变量的信度。信度分析是为了检测测量工具（问卷）本身的可靠性程度，即使用该测量工具进行测量的结果是否具有稳定性和一致性。我们采用内部一致性来测试构造变量的信度，即以Cronbach's α值是否大于0.70作为判断信度是否合格的标准。

5.2.1 跨组织私人关系探索性因子分析

Spss17.0对正式数据的探索性因子分析显示跨组织私人关系分析的KMO适合度检验值为0.868，大于0.7的标准，三个因子对正式量表的方差累计解释度为62.694%。通过最大方差正交旋转，我们得出了每个因子与题项之间的关系，分析结果提炼了三个因子，与前测检验的因子提取结果相同，且每个题项的载货系数都大于0.5，说明题项与因子之间的相关程度较高。见表5-4、表5-5、表5-6。

表 5-4 　　　　　跨组织私人关系 KMO 及 Bartlett's 测试值

KMO 和 Bartlett 的检验		
取样足够度的 Kaiser – Meyer – Olkin 度量		0.868
Bartlett 的球形度检验	近似卡方	2 742.531
	df	66
	Sig.	0.000

表 5-5 　　　　　跨组织私人关系累计解释方差

解释的总方差										
成分	初始特征值			提取平方和载入			旋转平方和载入		
	合计	方差(%)	累计(%)	合计	方差(%)	累计(%)	合计	方差(%)	累计(%)
1	4.877	40.639	40.639	4.877	40.639	40.639	3.001	25.012	25.012
2	1.638	13.648	54.287	1.638	13.648	54.287	2.280	19.003	44.015
3	1.009	8.407	62.694	1.009	8.407	62.694	2.241	18.679	62.694
4	0.833	6.938	69.631						
5	0.685	5.707	75.338						
6	0.565	4.710	80.048						
7	0.532	4.436	84.484						
8	0.482	4.013	88.496						
9	0.426	3.554	92.050						
10	0.373	3.105	95.155						
11	0.360	3.001	98.156						
12	0.221	1.844	100.000						

表 5-6 　　　　　跨组织私人关系旋转后的方差矩阵

旋转成分矩阵			
	成分		
	1	2	3
X14	0.805	0.076	0.173

表5-6(续)

旋转成分矩阵

	成分		
	1	2	3
X12	0.786	0.171	0.115
X13	0.756	0.233	-0.038
X15	0.732	0.028	0.247
X16	0.624	0.275	0.265
X22	0.117	0.868	0.193
X23	0.175	0.823	0.263
X21	0.213	0.639	0.196
X19	0.171	0.345	0.727
X18	0.036	0.043	0.726
X20	0.187	0.22	0.672
X17	0.29	0.325	0.643

表5-7　组织间合作关系 KMO 及 Bartlett's 测试值

KMO 和 Bartlett 的检验		
取样足够度的 Kaiser-Meyer-Olkin 度量		0.810
Bartlett 的球形度检验	近似卡方	1934.158
	df	45
	Sig.	0.000

表5-8　组织间合作关系累计解释方差

解释的总方差

成分	初始特征值			提取平方和载入			旋转平方和载入		
	合计	方差(%)	累计(%)	合计	方差(%)	累计(%)	合计	方差(%)	累计(%)
1	3.844	38.438	38.438	3.844	38.438	38.438	2.567	25.671	25.671
2	1.658	16.584	55.021	1.658	16.584	55.021	2.365	23.648	49.320

表5-8(续)

<table>
<tr><th colspan="10">解释的总方差</th></tr>
<tr><th rowspan="2">成分</th><th colspan="3">初始特征值</th><th colspan="3">提取平方和载入</th><th colspan="3">旋转平方和载入</th></tr>
<tr><th>合计</th><th>方差(%)</th><th>累计(%)</th><th>合计</th><th>方差(%)</th><th>累计(%)</th><th>合计</th><th>方差(%)</th><th>累计(%)</th></tr>
<tr><td>3</td><td>1.139</td><td>11.390</td><td>66.412</td><td>1.139</td><td>11.390</td><td>66.412</td><td>1.709</td><td>17.092</td><td>66.412</td></tr>
<tr><td>4</td><td>0.660</td><td>6.600</td><td>73.012</td><td></td><td></td><td></td><td></td><td></td><td></td></tr>
<tr><td>5</td><td>0.593</td><td>5.925</td><td>78.937</td><td></td><td></td><td></td><td></td><td></td><td></td></tr>
<tr><td>6</td><td>0.551</td><td>5.508</td><td>84.446</td><td></td><td></td><td></td><td></td><td></td><td></td></tr>
<tr><td>7</td><td>0.448</td><td>4.479</td><td>88.925</td><td></td><td></td><td></td><td></td><td></td><td></td></tr>
<tr><td>8</td><td>0.414</td><td>4.142</td><td>93.066</td><td></td><td></td><td></td><td></td><td></td><td></td></tr>
<tr><td>9</td><td>0.379</td><td>3.790</td><td>96.856</td><td></td><td></td><td></td><td></td><td></td><td></td></tr>
<tr><td>10</td><td>0.314</td><td>3.144</td><td>100.000</td><td></td><td></td><td></td><td></td><td></td><td></td></tr>
</table>

表5-9　组织间合作关系旋转后的方差矩阵

旋转成分矩阵	成分 1	成分 2	成分 3
X5	0.823	0.103	0.274
X6	0.819	0.167	0.067
X7	0.794	0.200	0.045
X4	0.686	0.090	0.354
X11	0.081	0.808	0.049
X10	0.079	0.783	0.157
X9	0.211	0.680	0.203
X8	0.194	0.673	0.174
X2	0.085	0.164	0.875
X1	0.126	0.263	0.845

5.2.2 组织间合作关系探索性因子分析

组织间合作关系正式数据的探索性因子分析显示 KMO 适合度检验值为 0.810，大于 0.7 的标准，提炼出的三个因子与前测检验所提炼的因子相同，三个因子与问卷题项之间的关联也与前测一致，且因子与题项之间的载荷系数都在 0.6 以上，说明题项与因子之间的相关程度较高。三个因子对正式量表的方差累计解释度为 66.412%。见表 5-7、表 5-8、表 5-9。

表 5-10　　组织速度竞争优势 KMO 及 Bartlett's 测试值

KMO 和 Bartlett 的检验		
取样足够度的 Kaiser-Meyer-Olkin 度量		0.803
Bartlett 的球形度检验	近似卡方	1 011.521
	df	10
	Sig.	0.000

表 5-11　　组织速度竞争优势累计解释方差

解释的总方差					
成分	初始特征值			提取平方和载入		
	合计	方差的(%)	累计(%)	合计	方差的(%)	累计(%)
1	2.940	58.801	58.801	2.940	58.801	58.801
2	0.793	15.855	74.656			
3	0.467	9.339	83.995			
4	0.446	8.925	92.920			
5	0.354	7.080	100.000			

表 5-12　　组织速度竞争优势旋转后的方差矩阵

成分矩阵	
	成分
	1
X35	0.798
X34	0.779

表5-12(续)

成分矩阵	
	成分
	1
X36	0.772
X33	0.750
X37	0.734

5.2.3 组织速度竞争优势探索性因子分析

组织速度竞争优势正式数据的探索性因子分析显示 KMO 适合度检验值为 0.803，大于 0.7 的标准，提炼出的因子与问卷题项之间的关联也与前测一致，且因子与题项之间的载荷系数都在 0.7 以上，说明题项与因子之间的相关程度较高。因子的方差累计解释度为 58.8%。见表 5-10、表 5-11、表 5-12。

5.2.4 信度检验

通过探索性因子分析对正式数据提炼出相应的因子以及因子与各个题项的载荷系数之后，我们对每个因子量表的可靠性进行检验，采用 Cronbach's α 系数进行了测定，根据安德森等的建议，α 值大于 0.7 表明数据可靠性较高，信度较好。本书数据的 α 值都在 0.7 以上，表明量表的信度较高，具有内部一致性。见表 5-13。

表 5-13 全部量表及信度

因子	量表中的题项	α	因子载荷
私人交往	1. 我们经常私下接触，如在一起吃饭或参加某些活动。	0.833	0.805
	2. 过年过节我们都会互赠礼物表示问候。		0.756
	3. 我们经常讨论一些私人问题。		0.814
	4. 我们私下讨论一些公司的内部信息。		0.732
	5. 我们在生活中常常相互照顾。		0.624

表5－13(续)

因子	量表中的题项	α	因子载荷
个人信任	1. 作为朋友，他或他们在我有困难的时候肯定会帮我。	0.71	0.643
	2. 作为朋友，他或他们不会欺骗我。		0.726
	3. 作为朋友，他或他们会保守我的秘密。		0.727
	4. 我们的关系是经过长时间考验的。		0.672
个人协同	1. 我们之间有事都好商量。	0.79	0.639
	2. 我们之间遇到利益冲突时，我们会考虑对方的利益。		0.868
	3. 我们之间遇到利益冲突时，对方也会考虑我的利益。		0.823
组织间沟通	1. 在工作中，我们公司之间交换信息都很及时。	0.774	0.875
	2. 在工作中，我们公司之间沟通很频繁。		0.845
组织间协调	1. 我们会根据对方公司要求调整产品销售的数量或种类。	0.816	0.686
	2. 我们会根据对方公司要求调整销售人员配备。		0.823
	3. 我们会根据对方公司要求调整营销方案。		0.819
	4. 我们会根据对方公司要求调整卖场布局。		0.794
组织间信任	1. 我们和对方公司相互信任。	0.763	0.673
	2. 我们相信对方公司肯定会帮助我们公司。		0.68
	3. 我们相信对方公司有能力满足我们的要求。		0.783
	4. 对方公司与我们接触的员工都很诚实正直。		0.808
组织速度优势	1. 与同行相比，我公司提前订货时间更短。	0.824	0.75
	2. 与同行相比，我公司产品订货到上市时间更短。		0.779
	3. 与同行相比，我公司调整产品种类和数量的速度更快。		0.798
	4. 与同行相比，市场变化时，我公司调整价格更快。		0.772
	5. 与同行相比，市场变化时，我公司调整营销方案更快。		0.75

5.3 同源方差检验

同源方差也叫共同方法偏差（common method biases），它指的是因为数据来自于同样的评分者、同样的测量环境、问卷题项的语境以及由于问卷题项本身特征人为造成的预测变量与效标变量之间的误差[110, 111]。由于本书的问卷的填写均由组织的关键人员这一同一对象填写，而且关键人员之间的私人关系在中国是一个敏感的问题，因此不排除问卷可能存在同源方差的问题。

表 5-14　　　　　　　　全体变量方差累计解释度

成分	解释的总方差								
^	初始特征值			提取平方和载入			旋转平方和载入		
^	合计	方差(%)	累计(%)	合计	方差(%)	累计(%)	合计	方差(%)	累计(%)
1	7.929	29.367	29.367	7.929	29.367	29.367	3.141	11.635	11.635
2	2.176	8.061	37.429	2.176	8.061	37.429	3.050	11.295	22.930
3	2.003	7.418	44.846	2.003	7.418	44.846	2.984	11.052	33.981
4	1.813	6.716	51.563	1.813	6.716	51.563	2.928	10.844	44.825
5	1.432	5.303	56.866	1.432	5.303	56.866	2.637	9.766	54.591
6	1.044	3.867	60.734	1.044	3.867	60.734	1.658	6.142	60.734
7	0.996	3.689	64.422						
8	0.845	3.131	67.553						
9	0.753	2.788	70.342						
10	0.703	2.602	72.944						
11	0.664	2.460	75.404						
12	0.628	2.325	77.729						
13	0.558	2.068	79.797						
14	0.546	2.023	81.820						
15	0.533	1.974	83.794						
16	0.501	1.855	85.649						

表5-14(续)

成分	初始特征值 合计	初始特征值 方差(%)	初始特征值 累计(%)	提取平方和载入 合计	提取平方和载入 方差(%)	提取平方和载入 累计(%)	旋转平方和载入 合计	旋转平方和载入 方差(%)	旋转平方和载入 累计(%)
17	0.458	1.698	87.347						
18	0.428	1.587	88.934						
19	0.412	1.526	90.459						
20	0.403	1.493	91.952						
21	0.383	1.419	93.371						
22	0.363	1.344	94.716						
23	0.347	1.283	95.999						
24	0.315	1.165	97.164						
25	0.295	1.092	98.257						
26	0.265	0.982	99.239						
27	0.206	0.761	100.000						

针对同源方差的问题，波大斯克夫（Podsakoff）以及周浩等提出同源偏差的控制方法可以通过程序控制和统计控制方法进行控制和排除，即通过事前预防和事后统计方法进行控制。程序控制通常是研究者在研究的设计和测量过程中采取控制措施，比如可以对测量的时间、空间进行适当的控制，也可以对测试的方法和测试者的心理进行控制，保护填写者的隐私、减少填写中猜测，提高问卷信息来源的渠道等方式减少同源方差的发生；统计控制的方法则主要是针对问卷设计和收集中由于条件限制而不能完全避免的同源方差问题，通过在数据分析时用统计的方法来对同源方差所进行检验和控制[110]。因此本书也采用这两种方法进行预防和控制。第一种方法是采用隐匿答卷者信息和在问卷内容中明确区分题项环境是工作内还是工作外的办法区别是工作内的组织间合作关系还是工作外的私人关系，在出示相应的证件取得被调查者的认可和信任后，预先告知问卷对象，这是一次有酬劳的学术研究，该问卷只是对工作外的私人交往情况进行了解，不涉及任何个人隐私和商业机密。同时，由于问卷的题项较多，被调查者容易因题项内容太多而产生厌烦情绪和敷衍行为，因此，调查者通常会采用适当的方法进行心理的引导，即问卷收集成员通常会在问卷

的中途给调查对象送上礼物表示谢意,事实上也是希望问卷对象可以适当休息并调整心情继续以饱满的情绪完成问卷的填写工作。第二种方法是根据波大斯克夫等的建议用哈曼(Harman)的单因子方法进行统计上的检测和控制,由于不能判定偏差的来源,可以将问卷所有题项一起做探索性因子分析,其中未旋转时得到的第一个主成分,就反映了同源方差的程度[110-112]。从上表的方差累计解释结果显示可以发现:本书中所有问卷题项因子分析的第一个主成分载荷量是29.367%,没有占到多数,说明不存在严重的同源方差。见表5-14。

5.4 验证性因子分析

本节主要通过Lisrel8.70统计软件,对因子与题项之间的关系进行验证性因子分析,并对测量工具进行效度检验。

5.4.1 验证性因子分析

验证性因子分析主要是对探索性因子分析的结果进行验证,主要是对潜变量因子与题项之间的关系以及潜变量因子之间的相关关系进行检验。

5.4.1.1 数据处理

在利用Lisrel8.70软件进行验证性因子分析之前,需要利用Prelis工具对数据进行预处理。因为Lisrel8.70软件进行验证性因子分析和结构模型的检验都需要用协方差矩阵进行验证。

首先将研究的数据从电子表格以Excel文件格式读入,然后通过Lisrel8.70转变为Psf文件,并对变量名进行定义,变量类型定义为连续变量。接下来通过多元计算(multiple imputation)对数据文件的缺省值进行填补处理,保证数据的完备性。

在进行缺省值处理之后,我们继续对数据进行正态化处理,接下来将正态化处理后的数据文件转化为协方差矩阵文件。

5.4.1.2 验证性因子分析

表5-15　　　　　　　　　　测量模型拟合结果

拟合指标	指标名称及结果	评价标准
自由度(df)	Degrees of Freedom (df) = 231	

表5-15(续)

拟合指标	指标名称及结果	评价标准
卡方(c^2)	Normal Theory Weighted Least Squares Chi-Square = 593.45（P = 0.0）	
卡方比率（c^2/df）	c^2/df = 2.57	<3
近似误差均方根（RMSEA）	Root Mean Square Error of Approximation（RMSEA）= 0.052	<0.08
相对拟合指数（NFI）	Normed Fit Index（NFI）= 0.96	>0.9
非范拟合指数（NNFI）	Non-Normed Fit Index（NNFI）= 0.97	>0.9
比较拟合指数（CFI）	Comparative Fit Index（CFI）= 0.97	>0.9
修正规范拟合优度指数（IFI）	Incremental Fit Index（IFI）= 0.97	>0.9
残差均方根（RMR）	Root Mean Square Residual（RMR）= 0.047	<0.08
残差均方根（SRMR）	Standardized RMR = 0.039	<0.08
拟合优度指数（GFI）	Goodness of Fit Index（GFI）= 0.92	>0.9
修正拟合优度指数（AGFI）	Adjusted Goodness of Fit Index（AGFI）= 0.90	>0.9

根据安德森与葛宾（Gerbing）的结构方程二阶段法，首先需对因子与题项之间的关系进行验证性因子分析（CFA），接下来再对因子之间的结构关系进行测试[113,114]。本阶段我们首先通过Lisrel8.70软件对因子之间的相关模型（测量模型）进行验证性因子分析。经过程序编制和多次模型修正后删除了3个题项，分别是私人交往因子中的"我们在生活中互相照顾"、个人交往因子中的"我们之间有事好商量"以及组织协同中的"我们会根据对方的需求调节产品的销售数量和种类"。最终的模型的拟合结果为：c^2 = 593.45，df = 231，c^2/df = 2.57，低于标准值3，P值为0.00，RMSEA = 0.052，低于0.08的标准，NFI = 0.96，NNFI = 0.97，CFI = 0.97，IFI = 0.97，GFI = 0.92，都大于0.9的标准[115]。另外，所测变量的标准化系数都大于0.6的标准，并在统计上显著（t > 14.50），表明测量模型具有很好的拟合优度。见表5-15。

5.4.2 效度检验

效度是指所适用的测量工具是否准确测量了所有研究的事物。本书对效度的检验主要从内容效度和结构效度两个方面进行。

5.4.2.1 内容效度

内容效度主要是指量表是否包含了所要研究的主题。通常内容效度没有统一的客观标准，我们通常通过逻辑分析方法，从量表设计的结构步骤和主观逻辑推理来进行判定，内容效度通常不能单独作为衡量量表效度的依据，但是可以对量表进行定性的评价[109]。由于本书中对各个因子的衡量都是在参考国内外学者问卷的基础上形成的，并与该领域相关专家进行了多次深入研讨和修改，因此有比较好的内容效度。

5.4.2.2 结构效度

结构效度是指测量工具能够实际测量理论概念及其特征的程度。结构效度主要通过聚敛效度和区别效度来进行判定。

表 5-16　测量模型检验结果

因子	指标个数	CR	AVE	组织间沟通	组织间协同	组织间信任	私人交往	个人信任	个人协同	组织速度优势
组织间沟通	2	0.77	0.62	0.79						
组织间协同	3	0.80	0.58	0.31	0.75					
组织间信任	4	0.80	0.5	0.56	0.45	0.71				
私人交往	4	0.80	0.51	0.35	0.41	0.35	0.71			
个人信任	4	0.83	0.56	0.41	0.33	0.65	0.51	0.74		
个人协同	2	0.86	0.75	0.32	0.38	0.54	0.42	0.64	0.87	
组织速度优势	5	0.83	0.5	0.4	0.41	0.45	0.34	0.48	0.41	0.7

聚敛效度（convergent validity）是指同一概念或因子内题项之间的相关性程度。聚敛效度主要通过平均炼方差（average variance extracted，AVE）来衡量，其计算公式为 AVE = Σ（λi）/ [Σ（λi）+ Σ（δi）]；其中 δi =（1 - λi）2，λi 为验证性因子分析所得到的每个题项的载货系数[113, 114, 116]。平均炼方差的有效下限值通常设定为 0.5[113, 116]。表 5 - 16 的结果显示本书各个潜变量平均炼方差均在 0.50~0.75 之间，高于或等于 0.5 的阈值，说明收敛效度良好。

区别效度（discriminant validity）主要指不同概念或因子题项之间的相关性程度，相关性越低，说明因子之间的区别性越高，不存在用相同的测量工具去重复测试别的概念。区别效度主要通过变量之间相关性程度与此变量平均炼方差平方根之间的差异程度来衡量。即比较平均炼方差的平方根与因子之间的相关系数，低于因子之间的相关系数则说明量表具有区别效度[113]。在表 5 - 16 的相关系数矩阵中显示对角线下相关系数都小于对角线上的平均炼方差平方根值，说明变量之间具有良好的区别效度[113]。

5.5 本章小结

本章研究的内容主要是对正式研究的数据进行处理和分析，最后利用 LISREL8.70 结构方程模型分析软件和数据假设模型的正确性。

首先，描述性分析检验了分析数据的分布情况，即变量数据的集中和离散的趋势，对数据的分布情况进行了简单的判定。接下来，通过探索性因子分析，对变量与题项之间的关系进行了探索性分析，测试了因子变量对整个量表的解释程度，以及因子与题项之间的内部一致性效度，Cronbach's α 系数都在 0.7 以上，表明量表的信度较高，具有内部一致性。

由于本书的问卷的填写均由同一对象填写，不能排除问卷可能存在同源方差的问题。因此本书通过过程控制和统计控制的方法控制同源方差的产生。第一种方法是采用隐匿答卷者信息和在问卷内容中明确区分题项环境是工作内还是工作外的办法区别组织关系和私人关系，调查中预先告知问卷对象，这是有酬劳的学术研究，不涉及任何个人隐私和商业机密，并对问卷的填写过程送上致谢的礼物降低问卷填写过程中厌烦情绪和敷衍行为，第二种方法是用单因子方法对所有题项一起做了探索性因子分析，通过第一个主成分载荷量判定研究不存在严重的同源方差。

接下来，我们通过验证性因子分析检验了探索性因子分析中的题项与因子之间的从属关系以及因子与因子之间的相互关系和测量量表的效度。验证性因子分析的结果证明测量模型具有很好的拟合优度。其中 $c2 = 593.45$，$df = 231$，$c2/df = 2.57$，低于标准值 3，P 值为 0.00，RMSEA = 0.052，低于 0.08 的标准，NFI = 0.96，NNFI = 0.97，CFI = 0.97，IFI = 0.97，GFI = 0.92，都大于 0.9 的标准。效度分析中由于是经过与专家们的多次论证建立的量表，因此具有内容效度。结构效度的检验中潜变量平均炼方差均在 0.50～0.75 之间，高于或等于 0.5 的阈值，说明收敛效度良好；相关系数矩阵中对角线下相关系数都小于对角线上的平均炼方差平方根值，说明变量之间具有良好的区别效度。因此，量表的效度良好。

6 概念模型和结构模型检验

6.1 概念模型的路径关系检验

6.1.1 具有中介作用的概念模型检验

在对跨组织私人关系与组织间合作关系和速度竞争优势的相关变量之间的结构关系进行具体的分析论证之前，本书首先希望通过层次回归方法先对跨组织私人关系、组织间合作关系和分销商组织速度竞争优势整体之间的路径关系进行初步分析，即验证跨组织私人关系整体是对分销商组织的速度竞争优势具有直接的正向影响和并通过组织间合作关系为中介变量间接影响组织速度竞争优势还是只是对组织间合作关系与速度竞争优势的作用起到调节作用。如果概念模型一成立，接下来再通过 Lisrel8.70 分析软件对三个概念具体结构变量之间的结构模型假设进行验证。

首先，根据探索性因子分析和验证性因子分析的结果，跨组织私人关系的结构维度由私人交往、个人信任和个人协同三个因子构成，组织间合作关系的结构维度由组织间信任、组织间沟通和组织间协同三个因子构成，组织速度竞争优势由单因子直接构成。根据因子与题项之间的关系，本书通过探索性因子中每个因子的因子得分结合方差贡献率加权计算出跨组织私人关系和组织间合作关系整体的得分值，组织速度竞争优势的值则直接由因子得分计算，因此，我们得到了跨组织私人关系、组织间合作关系和组织速度竞争优势的总体得分。

接下来，本书通过 Spss17.0 分析软件中的层次回归分析对跨组织私人关系与组织间合作关系和组织速度竞争优势的路径关系进行分析。分析分三步进行，第一步以组织速度竞争优势（Y）为因变量，以跨组织私人关系（X）为自变量进行回归分析，用以反映跨组织私人关系对组织速度竞争优势的总效应；第二步以组织间合作关系（M）为因变量，跨组织私人关系（X）为自变量进行回归分析，用以反映跨组织私人关系对组织间合作关系的促进作用；第三步以组织速度竞争优势（Y）为因变量，组织间合作关系（M）和跨组织私人关系（X）为自变量进行多元回归分析，用以分析跨组织私人关系和组织间合作关系对组织速度竞争优势的直接效应。研究结果见表6-1、表6-2、表6-3、表6-4。

从层次回归分析的结果可以发现，三个回归模型的检验结果均是显著的（p<0.001），第三步的多元回归分析发现，共线性检验的容忍度为0.68，不接近于0，方差膨胀因子为1.471，数值不大，说明回归模型中不存在严重的共线性问题，可以进行多元回归分析。从分析结果可以知道，跨组织私人关系对组织速度竞争优势具有直接的正向影响作用（B=0.242，p<0.001），组织间合作关系对组织速度竞争优势的直接正向作用也非常显著。（B=0.318，p<0.001）。同时跨组织私人关系对于组织间合作关系的正向促进作用也很显著（B=0.566，p<0.001）。结果证明了假设H1、H2、H3是成立的。见图6-1。

表6-1　　　　　　　　　第一步回归分析结果

模型		非标准化系数		标准系数	t	Sig.
		B	标准误差	试用版		
1	（常量）	-0.001	0.038		-0.028	0.977
	跨组织私人关系	0.723	0.065	0.422	11.159	0.000

表6-2　　　　　　　　　第二步回归分析结果

模型		非标准化系数		标准系数	t	Sig.
		B	标准误差	试用版		
1	（常量）	0.000	0.020		0.000	1.000
	跨组织私人关系	0.568	0.034	0.566	16.486	0.000

表6-3　　　　　　　　　　第三步回归分析结果

因变量：速度竞争优势		非标准化系数		标准系数	t	Sig.	共线性统计量	
		B	标准误差	试用版			容忍度	VIF
1	（常量）	-0.001	0.036		-0.029	0.977		
	跨组织私人关系	0.415	0.075	0.242	5.508	0.000	0.680	1.471
	组织间合作关系	0.542	0.075	0.318	7.239	0.000	0.680	1.471

表6-4　　　　　　　　　　总的回归分析结果

	回归方程	R2	Sig.
第一步	Y = 0.422X	0.176	0.000
第二步	M = 0.566X	0.319	0.000
第三步	Y = 0.242X + 0.318M	0.244	0.000

从回归分析的结果和图6-1的概念模型路径关系检验结果我们可以对跨组织私人关系、组织间合作关系和组织速度竞争优势整体之间的路径结构关系进行具体分析。从第一条路径关系可以发现：跨组织私人关系对组织速度竞争优势具有直接的正向作用，路径系数为0.242；第二条路径关系是组织间合作关系对组织速度竞争优势具有直接正向作用，路径系数是0.318；第三条路径关系是跨组织私人关系以组织间合作关系为中介变量，间接影响速度竞争优势，即跨组织私人关系通过提高组织间合作关系，促进组织速度竞争优势的提高，其间接影响的相关系数为0.18（0.566×0.318）。相关系数结果说明跨组织私人关系对组织速度竞争优势的直接作用略高于其对组织速度竞争优势的间接作用。

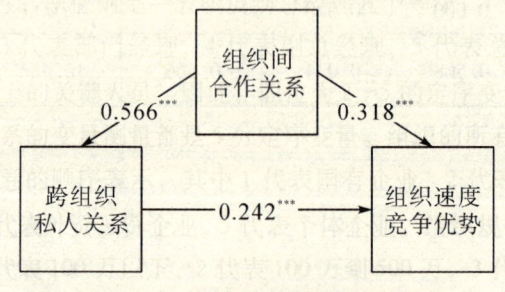

图6-1　总体概念模型检验结果

6.1.2 具有调节作用的替代模型检验

替代模型的检验同样通过层次回归分析方法进行检验。通过探索性因子的结果计算出跨组织私人关系、组织间合作关系和组织速度竞争优势的整体得分,并对跨组织私人关系和组织间合作关系进行中心化处理后,采用 SPSS17.0 的层次回归分析方法分两步进行回归分析。第一步以组织速度竞争优势(Y)为因变量,组织间合作关系(M)和跨组织私人关系(X)为自变量进行多元回归分析,用以分析跨组织私人关系和组织间合作关系对组织速度竞争优势的直接效应。第二步以组织速度竞争优势(Y)为因变量,组织间合作关系(M)和跨组织私人关系(X)以及组织间合作关系和跨组织私人关系的乘积(XM)为自变量。回归分析的结果如表 6-5 所示。

表 6-5　　　　具有调节作用的替代模型检验结果

	回归方程	R^2	R^2 变化
第一步	Y = 0.242X + 0.318M	0.244	
第二步	Y = -0.027 + 0.236X + 0.335M + 0.056XM	0.245	0.001

两个回归方程的检验结果均是显著的($p < 0.001$),共线性检验表明不存在严重的共线性问题。第二步回归分析中乘积项 XM 的回归系数不显著($t = 1.493$,$p > 0.1$),R^2 的变化只有 0.001,所以跨组织私人关系(X)的调节作用不显著。从 X 的回归系数可以看出和跨组织私人关系(X)与组织速度竞争优势(Y)相关性较高,结合假设模型一的相关检验结果,进一步说明跨组织私人关系并不是对组织间合作关系与组织速度竞争优势的关系进行调节作用,跨组织私人关系也是组织建立竞争优势的重要渠道和资源,与组织间合作关系同等重要,对组织速度竞争优势同样具有直接的正向作用。组织速度竞争优势的提高依赖组织间的正式合作关系和跨组织私人关系的共同作用。

6.2　结构模型检验

接下来,本书采用结构方程模型对各概念具体结构维度变量之间的假设关系进行分析。

表6-6　　　　　　　　　　　结构模型拟合指数

拟合指标	指标名称及结果	评价标准
自由度（df）	Degrees of Freedom (df) = 234	
卡方（c2）	Normal Theory Weighted Least Squares Chi-Square = 666.50 (P = 0.000)	
卡方比率（c2/df）	c2/df = 2.85	<3
近似误差均方根（RMSEA）	Root Mean Square Error of Approximation (RMSEA) = 0.056	<0.08
相对拟合指数（NFI）	Normed Fit Index (NFI) = 0.95	>0.9
非范拟合指数（NNFI）	Non-Normed Fit Index (NNFI) = 0.96	>0.9
比较拟合指数（CFI）	Comparative Fit Index (CFI) = 0.97	>0.9
修正规范拟合优度指数（IFI）	Incremental Fit Index (IFI) = 0.97	>0.9
残差均方根（RMR）	Root Mean Square Residual (RMR) = 0.058	<0.08
标准化残差均方根（SRMR）	Standardized RMR = 0.049	<0.08
拟合优度指数（GFI）	Goodness of Fit Index (GFI) = 0.91	>0.9
修正拟合优度指数（AGFI）	Adjusted Goodness of Fit Index (AGFI) = 0.89	>0.9

结构方程模型是20世纪80年代发展起来的综合性统计方法，主要是通过协方差矩阵来对变量之间的关系进行验证。其基本思想是通过模型关系建立一个观测变量的再生协方差矩阵，然后与样本的协方差矩阵进行比较，最后通过两者之间的差异来判定模型的拟合状况。结构方程模型允许观测变量是潜变量自变量与因变量可以存在测量误差，并且可以同时测量因子与题项之间的关系以及因子之间的结构关系[109,115]。本书通过Lisrel8.70统计软件对模型的路径结构进行检验。

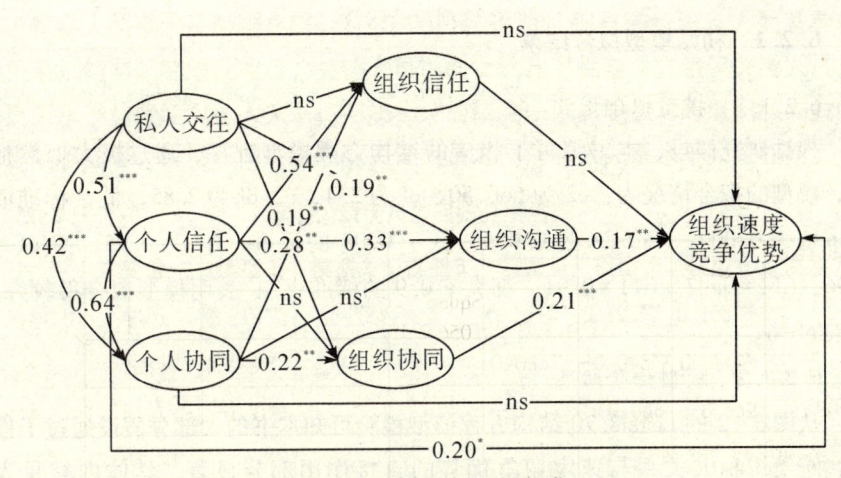

图 6-2 结构模型检验结果

（注：* 表示 $p<0.05$，** 表示 $p<0.01$，*** 表示 $p<0.001$）

表 6-7　　　　　　　　　结构模型假设及检验结果

序号	研究假设	检验结果
H1a	私人交往对组织速度优势具有显著正向影响	不支持
H1b	个人信任对组织速度优势具有显著正向影响	支持
H1c	个人协同对组织速度优势具有显著正向影响	不支持
H2a	私人交往对组织间信任具有显著正向影响	不支持
H2b	私人交往对组织间沟通具有显著正向影响	支持
H2c	私人交往对组织间协同具有显著正向影响	支持
H2d	个人信任对组织间信任具有显著正向影响	支持
H2e	个人信任对组织间沟通具有显著正向影响	支持
H2f	个人信任对组织间协同具有显著正向影响	不支持
H2g	个人协同对组织间信任具有显著正向影响	支持
H2h	个人协同对组织间沟通具有显著正向影响	不支持
H2i	个人协同对组织间协同具有显著正向影响	支持
H3a	组织间信任对组织速度竞争优势具有显著正向影响	不支持
H3b	组织间沟通对组织速度竞争优势具有显著正向影响	支持
H3c	组织间协同对组织速度竞争优势具有显著正向影响	支持

6.2.1 初始模型拟合结果

6.2.1.1 模型拟合指数

根据研究假设,本书编写了相应的结构方程模型程序,通过极大似然估计,模型的拟合情况为:c2 为 666.50,df 为 234,c2/df 为 2.85,低于标准值 3,p 值为 0.000,RMSEA 为 0.056,低于 0.08 的标准,NFI = 0.95,NNFI = 0.96,CFI = 0.97,GFI = 0.91,都大于 0.9 的标准[115],表明模型拟合得较好。见表 6-6。

6.2.1.2 模型检验结果

从图 6-2 的 Lisrel8.70 结构方程模型检验可知本书的大部分假设通过了检验,跨组织私人关系与速度竞争优势的直接作用部分显著,具体内容见表 6-7。

6.2.2 修正模型拟合结果

6.2.2.1 模型拟合指数

从初始模型的结果和拟合指数看,个别假设的拟合结构与理论有一定的出入,同时模型的修正指数显示组织间信任与组织间沟通和协同有较大的相关,修正指数较大,根据社会心理学的观点,行为是感知的一种外在表现[73],组织成员具体的合作和冲突行为甚至关系结束都反映出组织一方对于另一方的感知和预期,也就是说心理的信任是行为的前提,只有组织之间建立起内心的相互信任,合作中才会有良好的沟通和协同。当分销商与上级合作伙伴之间建立起良好的互信之后,相互之间的交流才会积极和顺畅,提供的信息也才会更加及时和可靠,想法也才容易统一,组织的反应速度才能得到提高。因此,在研究模型中增加了 2 个假设路径关系,即 H3d,组织间信任对组织间沟通具有显著正向影响;H3e,组织间信任对组织间协同具有显著正向影响。

表 6-8 修正后模型拟合指数比较

拟合指标	指标名称及结果	修正模型拟合结果
自由度(df)	(df) = 234	(df) = 232
卡方(χ^2)	χ^2 = 666.50(P = 0.000)	χ^2 = 593.95(P = 0.000)
卡方比率(χ^2/df)	χ^2/df = 2.85	χ^2/df = 2.56
近似误差均方根(RMSEA)	RMSEA = 0.056	RMSEA = 0.052

表6-8(续)

拟合指标	指标名称及结果	修正模型拟合结果
相对拟合指数（NFI）	NFI = 0.95	NFI = 0.96
非范拟合指数（NNFI）	NNFI = 0.96	NNFI = 0.97
比较拟合指数（CFI）	CFI = 0.97	CFI = 0.97
修正规范拟合优度指数（IFI）	IFI = 0.97	IFI = 0.97
标准化残差均方根（RMR）	RMR = 0.058	RMR = 0.047
残差均方根（SRMR）	SRMR = 0.049	SRMR = 0.039
拟合优度指数（GFI）	GFI = 0.91	GFI = 0.92
修正拟合优度指数（AGFI）	AGFI = 0.89	AGFI = 0.90

通过 Lisrel8.70 结构方程模型重新检验的结果显示模型的拟合参数有显著的提高。卡方由 666.50 下降至 593.95，卡方比率（c2/df）也由 2.85 下降至 2.56，模型的拟合优度显著改善，其符合社会心理学的理论基础，因此修正后的模型更佳。具体结果如下：c2 为 593.95，df 为 232，c2/df 为 2.56，P 值为 0.000，RMSEA 为 0.052，NFI = 0.96，NNFI = 0.97，CFI = 0.97，GFI = 0.92。见表 6-8。

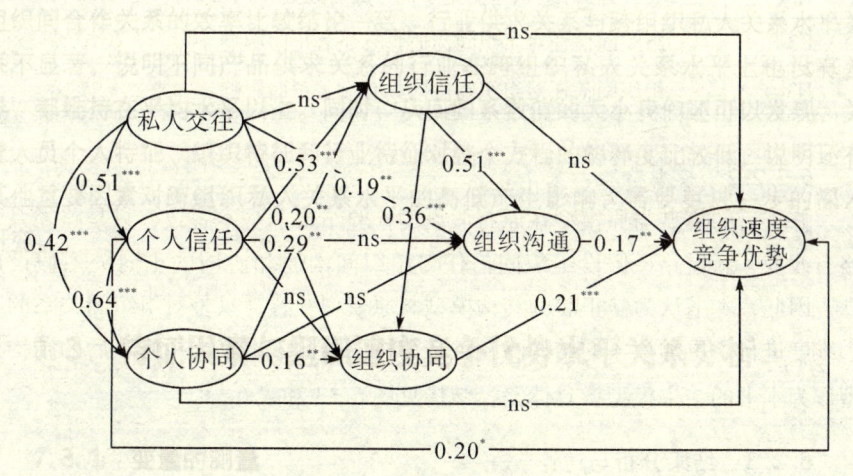

图 6-3 修正模型检验结果

（注：* 表示 $p<0.05$，** 表示 $p<0.01$，*** 表示 $p<0.001$）

表6-9　　　　　　　　修正模型假设及检验结果

序号	研究假设	检验结果
H1a	私人交往对组织速度优势具有显著正向影响	不支持
H1b	个人信任对组织速度优势具有显著正向影响	支持
H1c	个人协同对组织速度优势具有显著正向影响	不支持
H2a	私人交往对组织间信任具有显著正向影响	不支持
H2b	私人交往对组织间沟通具有显著正向影响	支持
H2c	私人交往对组织间协同具有显著正向影响	支持
H2d	个人信任对组织间信任具有显著正向影响	支持
H2e	个人信任对组织间沟通具有显著正向影响	不支持
H2f	个人信任对组织间协同具有显著正向影响	不支持
H2g	个人协同对组织间信任具有显著正向影响	支持
H2h	个人协同对组织间沟通具有显著正向影响	不支持
H2i	个人协同对组织间协同具有显著正向影响	支持
H3a	组织间信任对组织速度竞争优势具有显著正向影响	不支持
H3b	组织间沟通对组织速度竞争优势具有显著正向影响	支持
H3c	组织间协同对组织速度竞争优势具有显著正向影响	支持
H3d	组织间信任对组织间沟通具有显著正向影响	支持
H3e	组织间信任对组织间协同具有显著正向影响	支持

6.2.2.2 模型检验结果

修正后的模型与原模型在原有假设的检验结果上基本一致，只是路径系数略有改变，新增路径假设组织间信任与组织间沟通和协同的正向关系假设成立，因此，本书认为修正后的结构模型与原模型一致，只是对组织间关系的三个维度进行了更加深入的结构路径关系分析，因此，本书选择修正后的结构模型作为本书的结果模型。具体路径结构见图6-3和表6-9。

6.2.3 结果分析与讨论

6.2.3.1 跨组织私人关系对组织速度竞争优势的直接作用

假设H1a-c认为跨组织私人关系的三个维度私人交往、个人信任和个人协同对组织速度竞争优势具有直接正向影响，结构方程的输出结果部分证实了这个假设。假设 H1a（$\beta=0.02$，$p>0.1$）和假设 H1c（$\beta=0.09$，$p>0.1$）没有通过检验，只有假设 H1b（$\beta=0.2$，$p<0.05$）通过检验，即组织间关键人员个人之间的信任关系有利于提高工组织的速度竞争优势，而组织边界人员工作外的私人交往和个人协同与组织间速度竞争优势的直接作用关系并不显著。结果说明组织间关键人员的跨组织私人关系对于速度竞争优势的作用主要是建立了组织间的各种速度行为的信任基础，关键人员之间的个人信任有利于组织间放心地进行市场策略和行动的调整，最后达到提高组织速度竞争优势的作用。而组织间关键人员的私人交往和个人协同与组织的速度竞争优势没有直接关系，则可以解释为组织间关键人员私人的交往和生活中的协同关系与工作上的直接解决问题、提高组织速度优势还是有所区别，即工作和生活还是会分开，工作中的问题还需通过正式的工作程序来进行决策和执行。结合后面的跨组织关系对组织间合作关系的影响作用中成立的假设 H2b、H2c 和 H2i，我们可以发现组织的速度优势建立，跨组织私人关系对组织速度竞争优势的作用，主要通过影响组织正式工作中的沟通和协同来完成，跨组织私人关系交往虽然也会涉及组织的工作内容，但最终还需落实到组织具体员工的工作中的沟通和协同上来，关键人员私下的沟通和协同只是组织间合作的非正式渠道之一，不能代替组织间正式的沟通和协同。这也进一步证明了前面的总体假设关系：组织间合作关系对速度竞争优势的影响大于跨组织私人关系。这说明关键人员的跨组织私人关系主要对组织速度竞争优势具有一定的促进作用，但推动作用较弱，是一种心理的支持和保障作用，需要最终落实到组织的正式工作渠道中来。

6.2.3.2 跨组织私人关系对组织间合作关系的推动作用

假设 H2a-c 认为组织间关键人员个人之间的跨组织私人交往会影响组织间的信任、沟通和协同。结构方程的输出结果证实了部分假设。其中假设 H2b（$\beta=0.19$，$p<0.01$）和假设 H2c（$\beta=0.19$，$p<0.01$）通过检验，假设 H2a（$\beta=0.02$，$p>0.1$）没有通过检验。即组织间关键人员工作外的私人交往对组织间信任的正向影响并不显著，但是对组织间的沟通和协同具有正向影响。假设 H2a 的不成立说明了关键个人的交往关系并不和组织间整体信任直接关联。虽然组织的关键人员存在着关系较近的私人交往，但是私人交往的原因常常有情感型和利益型的区别，交往密切不代表个人之间就会有很好的内心认同，更难以成为组织整体的内心认同。从构成组织信任关系的测试量表也可以发现，产生组织整体的信任还需要组织整体的能力、诚信和关键人员品德的共同作用，关键个人的私人交往不能直接影响组织间的信任。假设 H2b 和 H2c

的成立说明组织间关键人员私下的交往对组织间的沟通和协同具有直接的正向作用，也进一步证明了社会嵌入理论的观点，说明关键人员的社会关系与组织之间的经济关系是紧密关联的，组织关键人员之间的私人交往，是组织间实现沟通和协同的重要渠道。组织间关键人员通过私下的交流，可以实现组织间的工作信息的交换和沟通，促进相互之间的理解和信任。同时，这种具有良好私交情感和信息沟通的私人交往，还为组织之间工作中的矛盾问题提供了协商解决问题的基础，组织关键人员可以通过双方私下之间的交流坦诚交换意见，相互理解，相互让步，找出解决问题的办法。同时，组织间的关键人员也可利用自身在组织中的影响力，用自己与对方关键人员的私人交往关系影响组织间的其他边界成员，要求组织其他员工在组织间的合作中积极沟通信息，不允许信息的隐瞒和欺诈，保证组织之间的良好的信息沟通。同样在工作中有争议问题时应该积极协商，相互让步，使组织间能够保持积极的协同行为，维护双方的长期合作。

假设 H2d-f 认为组织间关键人员之间的个人信任会影响组织间的信任、沟通和协同。结构方程的输出结果证实了部分假设。其中假设 H2d（$\beta=0.53$，$p<0.001$）通过检验，假设 H2e（$\beta=0.01$，$p>0.1$）和假设 H2f（$\beta=-0.16$，$p>0.1$）没有通过检验。即组织间关键人员的个人信任对组织间信任具有正向影响，与组织间沟通和组织间协同的正向作用不显著。与社会嵌入理论的观点一致，关键人员个人之间的信任事实上组织信任的一部分，他们在组织中的地位更进一步影响着组织中其他成员对对方组织整体的信任。因为关键人员的信任为组织整体的信任提供了非正式的心理和人际契约保证。结构方程模型的输出的结果验证了这一假设关系的成立。H2e 和假设 H2f 不成立，说明组织间关键人员组织间关键人员的个人信任作为关键人员个人之间的一种内在的心理认识，不能直接影响组织之间的沟通和协同，而是通过影响组织间的信任间接影响组织间的沟通和协同，结合补充假设 H3d 和 H3e 的成立，说明个人信任对组织间沟通和协同行为的影响是通过影响组织间整体的信任关系而对组织间的沟通和协同行为起到间接影响作用的。

假设 H2g-c 认为组织间关键人员个人之间的个人协同会影响组织间的信任、沟通和协同。结构方程的输出结果部分证实这些假设。其中假设 H2g（$\beta=0.20$，$p<0.01$）和假设 H2i（$\beta=0.16$，$p<0.01$）通过检验，假设 H2h（$\beta=-0.05$，$p>0.1$）没有通过检验。即组织间关键人员的个人协同对组织间的信任和沟通具有显著的正向影响，对组织间的沟通的正向影响不显著。研究结论证明了个人之间的协同代表了关键个人之间的个人情感和内在的信任，这种信任关系也传递到了组织整体之间，组织的关键个人之间有事互相协同让步，因此，他所在的组织是值得信任的，不然组织的关键人员是不会协同解决问题的。同时组织间关键人员的个人协同有利于组织间的协同假设成立，证明了个人之间的协同水平对组织间正式工作协同的积极作用，作为组织的关键一份子，关键人员的个人协同与组织间的工作协同密不可分，关键人员个人利益与组织利益密切相关，关键人员的工作外的个人协同为个人工作中的协同提供了情感和实践的基础，也为组织间其他成员的协同起到带头和影响作用，组织间整体的协同就会更加具有保障基础和积极行动的动力，因而组织间的协同行为得到了积极的推动。

6.2.3.3 组织间合作关系对组织速度竞争优势的直接作用

假设 H3a - c 认为组织间合作关系中的组织间信任、沟通和协同对分销商组织的速度竞争优势具有显著正向影响。结构方程的输出结果基本证实了这个假设。其中假设 H3b（$\beta=0.17$，$p<0.01$）和假设 H3c（$\beta=0.21$，$p<0.001$）通过检验，假设 H3a（$\beta=0.06$，$p>0.1$）没有通过检验。即组织间沟通和协同对分销商组织的速度竞争优势具有显著正向影响，组织间信任对分销商组织速度竞争优势的直接作用不显著。组织间沟通对组织速度竞争优势具有正向影响说明组织间员工在工作中积极的沟通有利于组织之间快速交换信息、进行决策调整和解决问题，提高了组织的市场反应速度，形成了速度竞争优势。同时组织间协同对组织速度竞争优势有显著正向影响也说明了组织间在工作中的相互让步、积极的协同配合可以提高组织间合作的弹性和适应性，使得组织之间能够及时化解冲突、解决存在的问题，因而有利于组织间积极投放产品、提高分销商组织的市场应变速度，因而获得了超越竞争对手的速度竞争优势。组织间信任与分销商组织速度竞争优势的正向关系不显著说明组织间心理上的态度与竞争优势的建立不具有直接关系，但是通过补充的假设 H3d 和 H3e 我们可以发现组织间信任对组织间的沟通和协同具有显著的正向影响，说明组织间信任主要通过促进组织间的沟通和协同对组织速度竞争优势起到间接的推动作用。

6.2.3.4 组织间信任与组织间沟通和协同

修正后的结构模型证明假设 H3d（$\beta=0.51$，$p<0.001$）和 H3e（$\beta=0.36$，$p<0.001$）成立，说明了组织间信任对于组织间沟通和协同的积极作用。信任是行为的前提，组织之间相信对方的能力和善意，可以放心地进行合作行为的投入，所以组织之间遇到问题会更加积极地进行沟通，对于工作中也不会存在怠慢或者隐瞒的信息不对称行为。因而有利于组织间沟通水平的提高，同时具有了相互信任的心理基础，组织间遇到矛盾问题的协同配合也就更

加容易了，相信对方组织不会损害自身的利益，大家具有了互利合作、相互共赢的心理契约基础，自然能够提高组织间的协同水平。

6.2.3.5 跨组织私人关系与组织间合作关系和速度竞争优势的作用关系总结

综合上述研究假设的验证结果可以发现，跨组织私人关系对于组织建立速度竞争优势具有一定的直接作用，主要是个人信任对组织间速度竞争优势具有正向影响，私人交往和个人协同对速度竞争优势的影响不显著，个人信任为组织速度竞争优势提升提供了一种心理的基础，不具有直接的行为特性。反映了商业型朋友关系在商业合作中的作用特性，朋友关系主要是建立一种信任和情感的基础，而具体的合作行动更多还需要通过工作途径解决。即跨组织私人关系对组织速度竞争优势的促进作用并不是在行动上的直接表现，而是提供快速行动的心理支持。这种支持使得组织之间可以放心地进行合作行动，不必顾虑合作中的机会主义行为等影响组织间合作和拖延组织市场反应和应变速度的行为。

而跨组织私人关系对组织间合作关系具有正向影响的假设基本成立，同时组织间合作关系对组织速度竞争优势的影响作用显著，说明组织间速度竞争优势主要是通过组织间的合作关系实现，跨组织私人关系也对速度竞争优势具有一定的直接作用，还会通过促进组织间合作关系对组织速度竞争优势的建立起到间接的支持作用，组织间合作关系对跨组织私人关系和组织速度竞争优势具有中介作用。该结论也进一步证实并深化了社会嵌入理论的观点，组织间的经济关系是和个体的社会关系是相互嵌入的。在组织间的合作和建立分销商组织速度竞争优势方面的主要表现为：个人之间的跨组织私人关系有利于组织间合作关系的提高，并通过组织间的合作关系进一步提升分销商组织的速度竞争优势。研究的结论也进一步证实了组织中关系机制中正式的组织关系和非正式的个人关系之间的积极作用。组织中的正式和非正式关系机制都可以积极提高组织的效率（速度竞争优势），但是也要看到，正式关系机制的作用要略大于非正式的个人人际关系的作用。

6.3 本章小结

本章研究的内容主要是对正式研究的数据进行处理和分析，最后利用 Spss17.0 软件和 Lisrel8.70 结构方程模型分析软件对数据进行分析，验证假设模型的正确性。

首先，通过Spss17.0软件的层次回归分析对跨组织私人关系、组织间合作关系和分销商组织速度竞争优势整体之间的路径关系进行初步分析。分析结果表明，跨组织私人关系对组织速度竞争优势具有直接的正向影响作用（B = 0.242，p < 0.001），组织间合作关系对组织速度竞争优势的直接正向作用也非常显著（B = 0.318，p < 0.001）。同时跨组织私人关系对于组织间合作关系的正向促进作用也很显著（B = 0.566，p < 0.001）。分析结果证明了跨组织私人关系对组织速度竞争优势具有直接的正向作用，路径系数为0.242；组织间合作关系对组织速度竞争优势具有直接正向作用，路径系数是0.318；跨组织私人关系以组织间合作关系为中介变量，间接影响速度竞争优势，其间接影响的相关系数为0.18（0.566×0.318）。假设H1、H2、H3是成立的。同时，替代模型不成立也进一步证实了该假设，跨组织私人关系并不是只在组织间合作关系对速度竞争优势的积极关系中起调节作用，而是影响分销商组织速度竞争优势的重要因素，对组织速度竞争优势具有直接的正向影响作用。

最后，通过利用Lisrel8.70统计软件对模型的具体路径结构进行了检验和修正，检验结果显示：c_2为593.95，df为232，c_2/df为2.56，低于标准值3，P值为0.000，RMSEA为0.052，低于0.08的标准，NFI、NNFI和GFI等都大于0.9的标准，表明模型拟合得很好。检验结果与回归分析结果一致：跨组织私人关系对组织速度竞争优势具有一定的直接作用，主要是个人信任对分销商组织速度竞争优势具有正向影响，私人交往和个人协同对速度竞争优势的影响不显著，个人信任为组织速度竞争优势提升提供了一种心理的基础和行动保证，不具有直接的行为特性。跨组织私人关系对组织间合作关系具有正向影响的假设基本成立，同时组织间合作关系对组织速度竞争优势的影响作用显著，说明组织间速度竞争优势既受到组织间合作关系的影响，也受到跨组织私人关系通过组织间合作关系的间接作用影响，组织间合作关系对跨组织私人关系和组织速度竞争优势具有中介作用。结论也进一步证实并深化了社会嵌入理论的观点，即组织间的经济关系和个体的社会关系是相互嵌入的，在组织间的合作和建立分销商组织速度竞争优势方面主要表现为：个人之间的跨组织私人关系有利于促进组织间的合作关系，并通过组织间的合作关系进一步提升组织的速度竞争优势。研究的结论也进一步证实了组织的关系机制与效率机制之间的协同关系，组织与外部合作伙伴正式的组织间合作关系和非正式的个人关系共同对组织的效率起着的积极作用。组织中的正式和非正式关系机制都可以积极提高组织的效率（速度竞争优势），但是也要看到，正式关系机制的作用要略大于非正式的个人人际关系的作用。

7 关系特征与速度竞争优势关系分析

7.1 关系组合与速度竞争优势关系分析

7.1.1 聚类分析

在现实生活中，跨组织私人关系的选择常常受到成本和社会文化环境的影响而面临两难决策。在当前的文化环境下，由于法制和监督体制的不够完善，私人关系常常和败德或违法行为相联系。同时，由于私人关系的建立和维持也需要时间、精力甚至金钱的投入，因此许多组织在合作时常常选择放弃与合作伙伴建立关键人员之间的跨组织私人关系，只选择建立工作环境内的组织间合作关系。同时也有组织基于文化和对关系积极作用和理念认识不同等多种原因，选择积极建立跨组织私人关系或与组织间合作关系进行综合运用。然而，不同的组织之间在跨组织私人关系和组织间合作关系上存在着水平的高低差异。因此，为了进一步判定跨组织私人关系的积极作用以及不同水平关系组合在速度竞争优势上是否存在显著的差异，本书将通过聚类和方差分析进行详细的实证分析。

首先，本书通过将跨组织私人关系和组织间合作关系进行聚类组合，得出了个人层面的跨组织私人关系与组织层面的组织间合作关系双低、高低、低高和双高四种水平组合。具体方法如下：先用探索性因子分析直接计算出跨组织私人关系中三个因子私人交往、个人信任和个人协同的因子得分，并通过方差贡献率加权计算出组织间私人关系整体的得分值；同样，用探索性因子计算出组织间合作关系的三个因子组织间信任、组织间沟通和组织间协同三个因子的因子得分，接着通过方差贡献率加权计算出组织间合作关系的最终得分。接下来利用Spss17.0中的K均值聚类分析方法将580份有效样本进行了聚类分析，样本划分为跨组织私人关系和组织间合作关系水平双低、高低、低高和双高四个组别。其中两种关系双低型样本（低私—低组）55 份，编号为组别 2；高跨组织私人关系和低组织间合作关系样本（高私—低组）173 份，编号为组别 1；低跨组织私人关系高组织间合作关系（低私—高组）样本 141 份，编号为组别 3；两种关系双高关系样本（高私—高组）211 份，编号为组别 4。方差分析的结果表明各组间差异显著（跨组织私人关系 $F = 536.85$，$P < 0.001$，组织间合作关系 $F = 488.123$，$P < 0.001$），聚类效果很好。见表 7-1。

表 7-1　　　　　　　　　关系组合聚类结果

	ANOVA				F	显著性
	聚类		误差			
	均方	df	均方	df		
跨组织私人关系	48.306	3	0.09	576	536.85	0.000
组织间合作关系	47.434	3	0.097	576	488.123	0.000

7.1.2 关系组合与速度竞争优势方差分析

接下来，我们以组织速度优势为因变量，跨组织私人关系和组织间合作关系的四种类型为自变量，通过单因素方差分析（One-Way ANOVA）进行统计分析，检验结果见表 7-2。结果显示 $F = 45.961$，$P < 0.001$，表明跨组织私人关系和组织间合作关系不同水平组合的四种组织在速度竞争优势上存在显著差异。

表 7-2　　单因素方差分析（One-Way ANOVA）检验结果

ANOVA					
速度竞争优势					
	平方和	df	均方	F	显著性
组间	111.758	3	37.253	45.961	0.000
组内	465.242	574	0.811		
总数	577	577			

为了更进一步对各个组织的差异性进行探索，我们通过各组均值多重比较进行分析，从表 7-3 的方差齐性检验的检验结果可知，$p > 0.05$，说明关系组

合的方差没有显著差异,具有方差齐性,因此,我们选用 Scheffe Test 法进行组间均值多重比较。检验结果见表 7-4 和图 7-1。

从组间均值多重比较的检验结果可以发现,跨组织私人关系和组织间合作关系双高组(组别 4)和双低组(组别 2)在组织速度竞争优势上与其他组别具有显著差异($p < 0.001$)。结合图 6-1 我们可以发现双高组的速度竞争优势均值最高,双低组最低。结果表明:一个既不重视组织间合作关系又不重视组织间关键人员个人关系的组织在速度竞争方面是没有任何优势的;反之,两者都重视的组织在速度竞争方面的优势非常明显,显著优于单纯建立一种关系或不注重任何关系建设的组织。

另外,检验结果证明了高私人关系低组织间合作关系组(组别 1)和低私人关系高组织间合作关系(组别 3)的混合关系组在速度优势上均没有显著差异($p > 0.05$)。从图 6-1 的均值图可以发现,两组的均值很接近,都低于双高关系组,但高于双低关系组,说明单一发展私人关系或组织间合作关系的组织在速度竞争优势方面处于中等水平,且单纯发展跨组织私人关系和组织间合作关系在速度竞争优势方面的作用大体一致,证明了两种关系在组织中的重要地位。当然,研究结果也从侧面证实了一些组织单纯选择跨组织私人关系或组织间合作关系在市场上仍具备一定的速度竞争优势,这就可以解释为什么当前一些组织过于依靠私人关系或组织间合作关系也能在市场上立足。

表 7-3　　　　　　　　　　　　方差齐性检验

方差齐性检验			
速度竞争优势			
Levene 统计量	df1	df2	显著性
1.033	3	574	0.378

表7-4　　　　　单因素方差分析 Scheffe Test 检验

多重比较						
速度竞争优势						
Scheffe						
(I) 案例的类别号	(J) 案例的类别号	均值差 (I-J)	标准误	显著性	95%置信区间	
^	^	^	^	^	下限	上限
1	2	0.741 137 37*	0.139 460 4	0.000	0.350 118 5	1.132 156 2
^	3	-0.025 317 8	0.102 478 46	0.996	-0.312 646 7	0.262 011 1
^	4	-0.696 199 83*	0.092 486 31	0.000	-0.955 512 8	-0.436 886 9
2	1	-0.741 137 37*	0.139 460 4	0.000	-1.132 156 2	-0.350 118 5
^	3	-0.766 455 17*	0.143 270 07	0.000	-1.168 155 6	-0.364 754 8
^	4	-1.437 337 21*	0.136 301 86	0.000	-1.819 500 1	-1.055 174 3
3	1	0.025 317 8	0.102 478 46	0.996	-0.262 011 1	0.312 646 7
^	2	0.766 455 17*	0.143 270 07	0.000	0.364 754 8	1.168 155 6
^	4	-0.670 882 04*	0.098 136 79	0.000	-0.946 037 8	-0.395 726 3
4	1	0.696 199 83*	0.092 486 31	0.000	0.436 886 9	0.955 512 8
^	2	1.437 337 21*	0.136 301 86	0.000	1.055 174 3	1.819 500 1
^	3	0.670 882 04*	0.098 136 79	0.000	0.395 726 3	0.946 037 8

注：* 表示均值差的显著性水平为 $p < 0.05$，组别1代表高私人关系低组织间关系合作组，组别2代表关系双低组，组别3代表低私人关系高组织间合作关系组，组别4代表关系双高组。

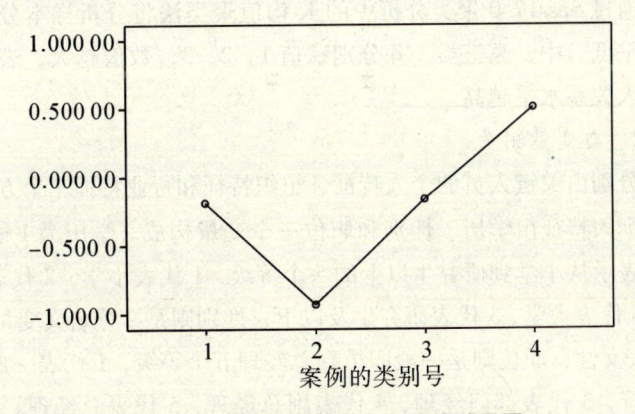

图7-1　速度竞争优势各组均值差异图

注：组别1代表高私人关系低组织间合作关系组，组别2代表关系双低组，组别3代表低私人关系高组织间合作关系组，组别4代表关系双高组。

7.2 特征因素与跨组织私人关系水平关系分析

前一章的分析显示了组织中存在着不同水平的跨组织私人关系和组织间合作关系组合,且不同关系水平组合的组织在速度竞争优势上存在着显著的差异。接下来,本章希望从与跨组织私人关系有关的个人特征、组织特征和组织所在行业特征三个方面分析组织中跨组织私人关系的水平是否与这些特征具有显著的相关关系,以便为组织间的跨组织私人关系的实践运作提供理论基础。

7.2.1 变量的测量

7.2.1.1 因变量测量

本次研究我们采用跨组织私人关系的高低水平作为因变量,组织的关键人员个人特征、组织特征和行业特征作为自变量。其中跨组织私人关系水平的测量分两步进行。首先,与上一节计算跨组织私人关系因子得分一样,通过探索性因子分析直接计算出跨组织私人关系中三个因子私人交往、个人信任和个人协同的因子得分,并通过方差贡献率加权计算出跨组织私人关系整体的得分值。接下来通过 Spss17.0 聚类分析中的 K 均值聚类法将分析样本分为跨组织私人关系水平低、中、高三类,并分别赋值 1、2、3,数值越大,表明组织间的跨组织私人关系水平越高。

7.2.1.2 自变量测量

自变量分别由关键人员的个人特征、组织特征和行业特征三个方面的变量构成。其中个人特征由学历、性别和职位三个变量构成。学历为 1~5 的定序变量,分别表示从小学到研究生以上的 5 个等级,1 代表小学,2 代表初中,3 代表高中,4 代表大学,5 代表研究生及以上;性别则是 2 分名义变量,1 代表男性,2 代表女性;职位则是一般职员到总经理五个等级,1 代表一般职员,2 代表业务主管,3 代表部门经理,4 代表副总经理,5 代表总经理。但由于本书只研究主管以上的关键人员,因此,职位为 2~5 的定序变量。

组织特征关系的变量测量都是 5 分定序变量。组织的所有制结构为名义变量,直接根据问卷的顺序表示,其中 1 代表国有企业,2 代表民营企业,3 代表合资企业,4 代表外资独资企业,5 代表个体企业。组织规模的 1~5 的定序等级分别是:1 代表 100 万以下,2 代表 100 万到 500 万,3 代表 5 百万至 1 千万,4 代表 1 千万至 5 千万,5 代表 5 千万以上的企业。运营时间的 5 分定序变量分别是：1代表3年以下，2代表3到5年，3代表5到10年，4代表10到20年，5代表20年以上。

行业特征我们选用了同类竞争对手数量、所属行业供求情况2个变量。竞争对手数量是5分定序变量，1代表很多，2代表比较多，3代表一般，4代表较少，5代表很少；行业产品供求情况为3分定序变量，根据假设在问卷值的基础上进行了整合，根据行业供求平衡的程度进行了划分，其中1代表严重供大于求或供不应求，2代表轻度供大于求或供不应求，3代表行业供求关系平衡。

7.2.1.3 分析方法

由于因变量和自变量都是包含多分点的名义变量或定序变量，因此本书的分析方法采用最优尺度回归分析方法进行分析。

7.2.2 分析结果与讨论

7.2.2.1 描述统计与共线性检验

我们首先对变量的统计特征进行分析，通过均值比较可以发现跨组织私人关系的水平维持在平均水平以上，说明组织间跨组织私人关系基本上维持在高关系的水平，见表7-5。通过皮尔逊相关系数我们可以发现变量之间的相关系数都低于0.6，表明变量之间不存在严重的多种共线性问题[52]，可以进行最优尺度回归分析。见表7-6。

7.2.2.2 结果与讨论

接下来，本书利用最优尺度分析对研究假设进行验证。具体的分析方法和步骤如下：首先我们建立了模型1，检验个人特征的三个变量与跨组织私人关系水平之间的关系；模型2检验组织特征与跨组织私人关系之间的关系；模型3检验行业特征与跨组织私人关系之间的关系；模型4则放入了全部变量，用于观测所用变量对跨组织私人关系水平的解释程度。检验结果表明所有模型都在回归分析上显著，如表7-7所示。

表7-5　　变量各组别跨组织关系水平均值描述统计结果

学历	组别	1	2	3	4	5
	均值	1.67	1.77	1.85	2.05	2.50
性别	组别	1	2			
	均值	1.96	1.90			

表7-5(续)

职位	组别	2	3	4	5	
	均值	1.96	2.07	1.88	1.78	
所有制结构	组别	1	2	3	4	5
	均值	2.35	2.05	2.07	2.23	1.79
规模	组别	1	2	3	4	5
	均值	1.80	1.88	2.11	2.02	2.25
运营时间	组别	1	2	3	4	5
	均值	1.85	1.83	1.96	1.98	2.23
竞争状况	组别	1	2	3	4	5
	均值	1.88	1.90	1.88	2.29	2.31
供求关系	组别	1	2	3	4	5
	均值	1.89	1.98	1.86		

表7-6 变量的 Pearson 相关系数

变量	1	2	3	4	5	6	7	8	9
跨组织私人关系水平	1								
学历	0.172**	1							
性别	-0.044	-0.031	1						
职位	-0.092*	-0.194**	-0.015	1					
所有制结构	-0.159*	-0.321**	-0.058	0.191*	1				
规模	0.158**	0.287**	-0.124**	-0.184**	-0.455**	1			
运营时间	0.098*	0.124**	-0.055	-0.028	-0.261**	0.394**	1		
竞争状况	0.098*	0.225**	0.033	-0.093*	-0.229**	0.291**	0.206**	1	
供求关系	0.004	-0.112**	0.018	0.029	0.091*	-0.107*	-0.096*	-0.349**	1

注：* 表示均值差的显著性水平为 $p<0.05$，** 表示均值差的显著性水平为 $p<0.010$。

模型1的检验结果表明个人特征对跨组织私人关系水平整体影响显著（$p<0.001$）。其中组织间关键人员的学历对跨组织私人关系具有显著正向影响（$p<0.001$），说明组织关键人员学历越高，对跨组织私人关系的积极作用越有清晰的认识，所以将组织间的跨组织私人关系维持在较高的水平。性别对

跨组织私人关系水平影响显著（p<0.001），说明性别与跨组织私人关系有较强关系。但与研究假设相反，关键人员中的女性比男性与对方组织关键人员保持更高水平的跨组织私人关系，与姚小涛的结论一致。职位对跨组织私人关系的影响不显著，说明不同层级职位关键人员之间的私人关系水平大致相同。

表 7-7　　　　　　　　模型的最优尺度回归分析结果

	变量	模型 1	模型 2	模型 3	模型 4	模型 5	模型 6	模型 7
个人特征	学历	0.218***			0.167***	0.198***	0.168***	
	性别	0.099***			0.086**	-0.098***	0.086**	
	职位	-0.079			-0.047	-0.066	-0.052	
组织特征	所有制结构		0.116***		0.048		0.049	0.108***
	规模		0.145**		0.1		0.110	0.130**
	运营时间		0.066		0.065		0.067	0.062
行业特征	竞争状况			0.153***	0.067	0.100*		0.087
	供求关系			0.048	0.043	0.046		0.041
其他检验	调整 R^2	0.053	0.042	0.016	0.058	0.054	0.062	0.041
	F 值	5.014***	3.535***	3.407**	2.633***	3.550***	3.233***	2.660**

注：* 表示 p<0.05，** 表示 p<0.01，*** 表示 p<0.001。

模型 2 的检验结果表明组织特征对跨组织私人关系水平的整体影响显著（p<0.001）。其中所有制结构（p<0.001）和组织的规模（p<0.01）都对跨组织私人关系水平具有正向影响，运营时间检验结果不显著，说明不同运营时间组织在跨组织私人关系水平上没有显著差异，不同所有制结构和规模的组织在跨组织私人关系水平上存在显著差异。

模型 3 的检验结果表明行业特征对跨组织私人关系水平的整体影响显著（p<0.01）。其中竞争状况对跨组织私人关系水平具有显著正向影响（p<0.001），但由于行业竞争的代码 1 到 5 表示行业竞争的激烈程度由高到低，说明行业的竞争越激烈，组织间反而维持低水平的跨组织私人关系。与研究假设相反，行业供求关系的均衡状况与跨组织私人关系的关系不显著，说明跨组织私人关系水平与产品的供求状况无关。

模型 4 将所有变量都放入回归方程中，整体回归的结果显示出高的显著性（p<0.001），个人特征中的学历（p<0.001）和性别（p<0.01）依然显著，

但是组织特征中的所有制结构、规模和行业特征中的竞争状况却都变得不显著了。对表7-6的皮尔逊相关系数进行分析发现，组织特征中的组织所有制结构与行业的竞争状况负相关（p<0.01），（即组织的所有制结构越倾向于国有企业和民营或个体企业，行业竞争越不激烈），说明模型4中竞争状况的不显著可能是由组织特征中的相关变量引起。因此，我们另外建立了模型5，即删去组织特征中的相关变量，发现行业竞争状况依然显著（p<0.01），说明了行业竞争状况对跨组织私人关系水平的影响受到组织所有制结构的影响，组织因素比行业竞争状况对跨组织关系水平具有更大的影响。单独考察行业竞争状况的作用时，行业竞争状况与跨组织关系水平关系显著，但是与组织特征共同作用时，竞争状况显著性下降。同样，我们在模型6中去掉行业特征因素，发现组织特征的相关因素还不显著，皮尔逊相关系数发现个人学历和性别与组织特征存在相关关系，说明不同学历和性别的个体在选择在什么样所有制和规模的组织就业有一定关系，但这不是关注的重点，因此本书不作深入讨论。本书在模型7中去掉个人特征变量发现，组织的所有制结构和规模依然显著，说明组织个人特征对跨组织私人关系的影响高于组织特征和行业特征的影响。从回归方程调整后的 R^2 的方差解释系数也可以看出个人特征比组织特征对跨组织私人关系水平影响更大，对行业特征的影响最小（$R^2=0.016$），说明组织所有制结构、规模和行业竞争状况对跨组织关系水平的影响作用比个人的学历和性别的影响要低，且所有这些因素对跨组织私人关系总体的影响也比较低，R^2 的方差解释系数基本都在0.06以下。

因此，综合以上结果，我们可以得出如下结论：组织个人特征、组织特征和行业特征都对跨组织私人关系水平具有显著影响，其中组织关键个人的学历、性别与组织的跨组织私人关系水平显著相关，假设H8a通过检验。这说明关键人员的学历越高，对跨组织私人关系的积极作用认识越清楚，因而更倾向于建立高水平的跨组织私人关系，假设H8b部分成立，显著性成立，但与假设关系相反。女性的跨组织私人关系高于男性。女性虽然受到文化的影响会比较保守，但是在跨组织私人关系水平上依然高于男性，说明态度只是影响跨组织私人关系因素的一部分，环境压力和女性的能力原因使得女性不得不建立比男性更高的跨组织私人关系去帮助组织的合作和竞争优势的建立，这也是与姚小涛的女性管理者更依赖强关系作用的结论一致的。而不同职位的个体在跨组织私人关系的认识和选择上差异较小，说明大家对跨组织私人关系的积极作用都有共同的认识，从表7-5的变量内组织间的均值比较也表明每个组的跨组织私人关系水平都维持在平均水平以上，说明不同地位的关键人员都倾向于积极利用跨组织私人关系的作用。组织特征中的所有制机构和规模虽然受到个人特征和行业特征的影响在总体模型中不显著,但是在单独效用中依然显著,说明组织的所有制机构和规模依然与跨组织私人关系具有相关性,假设 H9b 依然成立。假设 H9a 部分成立,具体的差异性与假设不一致。但从表 7-5 的均值比较可以发现国企的跨组织私人关系水平最高,个体企业的跨组织私人关系水平反而最低,这应该解释为组织的关系愿望和实际建立跨组织私人关系的能力有差异,个体企业虽然有很强的私人关系依赖愿望,但不一定就能够建立高水平的跨组织私人关系。反而,民营企业、合资和外资企业还维持中等的跨组织私人关系水平,反映了这些组织的实力和中国关系环境对其的影响。组织规模越大,跨组织私人关系水平越高,说明组织间的依赖性很强。不同运营时间的组织在跨组织私人关系水平上的差异性不显著,说明在中国的市场环境下,新企业和老企业对跨组织私人关系的选择基本一致,都受到较高的重视。组织所在行业竞争的激烈程度与跨组织私人关系水平也具有显著关系,但是与组织所有制结构成负向相关,在整体回归模型中不显著,假设 H10a 部分成立,研究结论与 H10a 假设相反。行业竞争越激烈,组织的跨组织私人关系水平越低,本书将其解释为行业的竞争越激烈,由于合作组织间越追求更高效率的正式关系模式,反而是有稳定利益的低竞争行业,组织间缺乏压力反而更依靠相对较低效率的跨组织私人关系进行组织间的合作。这与前文跨组织私人关系和组织间合作关系的效率比较结论一致。行业供求关系与跨组织私人关系水平关系不显著,说明不同产品供求关系的行业在跨组织私人关系水平上也没有差异,都维持在平均水平以上。同时,从回归系数值的大小我们还可以发现,关键人员个人特征、组织特征和行业特征对整个方程的解释度比较低,说明还有其他重要因素对跨组织私人关系水平的高低产生影响,需要更进一步的深入研究。

7.3 特征因素与组织速度竞争优势水平关系分析

7.3.1 变量的测量

7.3.1.1 因变量测量

本次研究我们采用分销商组织的速度竞争优势的高低水平作为因变量,组织特征、行业特征和地域特征作为自变量。组织速度竞争优势水平的测量分两步进行。首先，由于组织速度竞争属于单一维度因子，因此直接通过探索性因子分析计算出组织速度竞争优势的得分。接下来，通过 Spss17.0 聚类分析中的 K 均值聚类法将分析样本分为速度竞争优势水平低、中、高三类，并分别赋值 1、2、3，数值越大，表明组织速度竞争优势的水平越高。

7.3.1.2 自变量的测量

自变量组织特征中组织所有制结构是名义变量，因此，直接用 1~5 表示。在进行最优尺度回归分析时将其定义为名义变量，相互之间不存在等级关系。组织的所有制结构直接根据问卷的顺序表示，其中 1 代表国有企业，2 代表民营企业，3 代表合资企业，4 代表外资独资企业，5 代表个体企业。组织规模 1~5 的定序等级分别是：1 代表 100 万以下，2 代表 100 万到 500 万，3 代表 5 百万至 1 千万，4 代表 1 千万至 5 千万，5 代表 5 千万以上的企业。运营时间的 5 分定序变量分别是：1 代表 3 年以下，2 代表 3 到 5 年，3 代表 5 到 10 年，4 代表 10 到 20 年，5 代表 20 年以上。

行业特征与上一节一致，我们选用了同类竞争对手数量、所属行业供求情况 2 个变量。竞争对手数量是 5 分定序变量，1 代表很多，2 代表比较多，3 代表一般，4 代表较少，5 代表很少；行业产品供求情况为 3 分定序变量，根据假设在问卷值的基础上进行了整合，根据行业供求平衡的程度进行了划分，其中 1 代表严重供大于求或供不应求，2 代表轻度供大于求或供不应求，3 代表行业供求关系平衡。

地域特征直接由问卷收集的地区所确定。即东部地区和西部地区。其中 1 代表西部地区，2 代表东部地区。

7.3.1.3 分析方法

由于因变量和自变量都是包含多分点的定序变量或名义变量，因此本书的分析方法同样采用最优尺度回归分析方法进行分析。

7.3.2 分析结果与讨论

7.3.2.1 描述统计与共线性检验

我们首先对变量的统计特征进行分析，通过各组均值比较可以发现分销商组织的速度竞争优势水平位于平均水平左右，总体的均值为 1.66，略高于平均水平，说明现有组织整体上的速度竞争优势处于中等的水平，见表 7-8。通过表 7-9 的 Pearson 相关系数我们可以发现变量之间的相关系数都低于 0.6，表明变量之间不存在严重的多种共线性问题，可以用最优尺度回归进行分析[52]。

表7-8 变量各组别速度竞争优势水平均值描述统计结果

变量		组别和速度竞争优势水平				
所有制结构	组别	1	2	3	4	5
	均值	1.35	1.57	1.64	1.54	1.75
规模	组别	1	2	3	4	5
	均值	1.78	1.71	1.45	1.69	1.35
运营时间	组别	1	2	3	4	5
	均值	1.75	1.81	1.66	1.50	1.40
竞争状况	组别	1	2	3	4	5
	均值	1.73	1.69	1.67	1.35	1.46
供求关系	组别	1	2	3	4	
	均值	1.77	1.61	1.68		
地域特征	组别	1	2			
	均值	1.68	1.64			

表7-9 变量的 Pearson 相关系数

变量	1	2	3	4	5	6	7
速度竞争优势水平	1						
所有制结构	0.168**	1					
规模	-0.207**	-0.455**	1				
运营时间	-0.188**	-0.261**	0.394**	1			
竞争状况	-0.142**	-0.229**	0.291**	0.206**	1		
供求关系	-0.023	-0.091*	0.107*	0.096*	0.349**	1	
地域特征	-0.036	-0.027	0.114**	0.033	-0.029	0.019	1

注：* 表示均值差的显著性水平为 $p<0.05$，** 表示均值差的显著性水平为 $p<0.01$。

7.3.2.2 结果与讨论

接下来，利用最优尺度分析对研究假设进行分析，具体的分析方法和步骤如下：首先通过模型1检验组织特征的三个变量组织的所有制结构、组织规模和运营时间与组织速度竞争优势水平之间的关系；模型2检验行业特征的两个变量竞争状况、供求关系与组织速度竞争优势水平之间的关系；模型3用于检验地域特征与速度竞争优势水平的关系；模型4则放入了全部变量，用于观测所用变量对组织速度竞争优势水平的解释程度以及各变量与组织速度竞争优势的关系在总体模型中的变化情况。检验结果见表7-10所示。

模型1的检验结果表明组织特征对速度竞争优势水平具有显著影响（$p<0.01$）。三个变量所有制结构（$p<0.001$）、规模（$p<0.001$）和运营时间（$p<0.001$）与速度竞争优势水平都显著相关，说明不同所有制企业、不同规模和运营时间的组织在速度竞争优势水平上面存在显著差异，假设H11a、H11b和H11c都成立。从表7-8的各组均值也可以发现国有企业在速度竞争优势水平上最低，个体企业的速度竞争优势水平最高。规模越大的组织，速度竞争优势水平越低。运营时间越长的组织，速度竞争优势水平越低。

模型2的检验结果表明行业特征对分销商组织速度竞争优势水平整体具有显著影响（$p<0.001$）。其中竞争状况对组织速度竞争优势水平具有显著正向影响（$p<0.01$），由于行业竞争的代码1~5表示行业竞争的激烈程度由高到低，因此相关系数为负（$\beta=-0.195$，$p<0.001$）。假设H12a通过检验。这说明竞争越激烈的行业，行业内所在组织的速度竞争优势水平越高。表7-8的均值也反映了这种变化的趋势。行业供求关系的均衡状况与组织速度竞争优势的关系不显著，假设H12b不成立。这说明组织速度竞争优势与行业内产品的供求状况无关，行业产品的供求关系只会让行业的重心在生产导向和市场导向间变化，与具体企业间的速度竞争优势水平关联不大。

模型3的检验结果表明组织的区域特性与速度竞争优势水平高低关系不显著（$p>0.1$），假设H13不成立。这说明东西部的企业在速度竞争优势方面没有显著的差异性。

表7-10　　　　　　　　　　模型的最优尺度分析结果

	变量	模型1	模型2	模型3	模型4
组织特征	所有制结构	0.090***			0.091***
	规模	-0.162***			-1.321**
	运营时间	-0.131***			-1.128**
行业特征	竞争状况		-0.195***		-0.118*
	供求关系		0.030		0.051

表7-10(续)

变量		模型1	模型2	模型3	模型4
地域特征	区域			0.052	0.023
其他检验	调整 R2	0.060	0.032	0.001	0.069
	F 值	4.710**	7.399***	1.545	4.318***

注：* 表示 $p<0.05$，** 表示 $p<0.01$，*** 表示 $p<0.001$。

模型4将特征因素的所有变量都放入回归方程中，整体回归的结果显示出高的显著性（$p<0.001$）。检验结果与前面三个模型的结果一致，组织的所有制结构、所属行业和行业竞争状况依然对组织的速度竞争优势具有显著影响。行业竞争状况的显著性有所下降但依然显著（$p<0.05$）。此情况进一步证明了假设H11a、H11b、H11c和H12a的成立。

综合模型的检验结果我们可以得出如下的结论和启示。首先，不同所有制结构、规模和运营时间的组织在速度竞争优势上有显著的差异。其中国有企业的速度竞争优势水平显著低于合资、外资和个体等其他类型的企业，说明了不同所有制的组织在速度理念、组织内外部各个流程的管理、协调上面存在显著的差异，组织的信息沟通能力、协调能力都还有待进一步的提高；规模和运营时间和组织的速度竞争优势水平负相关，说明不同规模和运营时间的组织在速度竞争优势方面存在显著差异。组织的规模越大，组织的弹性和灵活性就会相应下降，因而速度竞争优势水平下降。同样，运营时间越长的组织越正规化和制度化，制度的刚性作用同样使得组织的灵活性和应变能力下降，所以组织的速度竞争优势水平也会下降。其次，行业的竞争状况越高，行业所在组织整体的速度竞争优势水平也越高。研究结论也进一步说明了当前的组织在面临激烈竞争的同时，对于速度竞争优势的作用有着越来越清晰的认识和体会，组织正在积极构建低成本、差异化之外的新的竞争优势。最后，东西部地区的组织在速度竞争优势上不具有差异显著性。这说明东西部的组织在速度理念的认识和速度竞争能力的建构上差距不大。结合速度竞争的理论研究和实施的现状，我们可以知道组织对于速度竞争优势的认知和实践还处于初级阶段，很多组织的认知和实施都还处于自发状态或战术层面，并没有上升到战略的重要层面。表7-8速度竞争优势的整体均值处于中等水平也说明了这一问题。同时，由于现有的组织的品牌基本都为全国性的品牌，组织的各级分销机构基本都为全国性的连锁机构，因而组织产品的竞争基本都是全国性的竞争，所以区域之间的速度竞争优势差异并不十分明显。

7.4 本章小结

本章主要通过单因素方差分析论证了组织关键人员私人关系和组织间合作关系组合的组织在速度竞争优势上的差异性；通过最优尺度回归分析论证组织间关键人员的个人特征、组织特征和行业特征三个方面因素对跨组织关系水平的影响，另外，还从组织、行业和地域特征三个方面论证了相关因素对组织速度竞争优势水平的影响。

本书第一节先通过 Spss17.0 中的 K 均值聚类分析方法将 580 份有效样本进行了聚类分析，将样本划分成了跨组织私人关系和组织间合作关系水平双低、高低、低高和双高四个组别，接下来通过了单因素方差分析检验四个组别是否在组织速度优势上的差异性。研究结果证明：关系双低型和双高型与其他各组的速度优势差异显著，双高型关系组在速度竞争优势上显著均高于其他关系结构组，双低型的组织则在速度竞争优势上显著低于其他关系各种，混合关系组在速度竞争优势上均没有显著差异，两组的均值很接近，都低于双高关系组，但高于双低关系组。

第二节的最优尺度回归分析结果表明组织个人特征、组织特征和行业特征都对跨组织私人关系的水平具有显著影响。其中组织中关键个人的学历、性别对组织的跨组织私人关系水平影响显著；关键人员的学历越高，更倾向于建立高水平的跨组织私人关系，女性会比男性建立更高水平的跨组织私人关系。组织所有制结构、规模和行业的竞争状况（激烈程度）会对跨组织私人关系水平产生影响，但比较弱，在总体模型中不显著，会受到个人特征的影响。不同产品供求关系的行业在跨组织私人关系水平上没有差异，都维持在平均水平以上。

第三节的最优尺度回归分析的结果则表明，组织特征中的所有制结构、规模、运营时间和行业特征的竞争程度对组织的速度竞争优势具有显著影响。其中国有企业的速度竞争优势较低，个体企业则较高；规模和运营时间对组织的速度竞争优势水平具有负向影响，规模越大、运营时间越长的组织，速度竞争优势水平越低；行业的竞争程度越激烈，行业内组织的速度竞争优势水平越高。研究结果还发现东西部地区组织在速度竞争优势的水平上并不存在显著差异，反映了东西部地区的组织的运作基本上是全国性的运作，在速度理念和执行方面并不存在较大差距。组织整体的速度竞争优势处于中等水平，也反映了当前环境下组织的速度竞争的理念和水平需要进一步的提高。

结 论

1. 论文的主要工作及结论

作为一个跨学科的研究，本书主要基于社会嵌入理论、社会资本理论和资源依赖理论的指导，将经济学、社会学和管理学领域的相关理论进行了有机的结合，首先分析了跨组织私人关系对于提升组织间合作关系和组织速度竞争优势积极作用的原理，建立了跨组织私人关系对组织间合作关系和分销商组织速度竞争优势作用的总体概念模型，并在此基础上进一步建立了跨组织间私人关系结构变量私人交往、个人信任、个人协同与组织间合作关系结构变量组织间信任、沟通、协同与组织速度竞争优势之间的具体路径关系模型。其次，本书还根据组织间关系的实际情况，建立了个人层面的跨组织私人关系和组织层面的组织间合作关系两种关系组合的组织在速度竞争优势上的差异性假设，并进一步从组织间关键人员个人特征、组织特征、行业特征和地域特征等方面探索了影响组织跨组织私人关系水平和速度竞争优势水平高低的相关因素。接下来，我们通过对我国东西部城市装饰建材、机械汽车、服装、电器、食品饮料行业的分销商与其上级供应商之间的关系进行了实证调查，运用层次回归分析、结构方程模型、方差分析和最优尺度回归分析方法对研究的相关模型假设进行了实证研究，得出了以下研究结论：

（1）跨组织私人关系对组织速度竞争优势具有直接的促进作用。在跨组织私人关系与组织速度竞争优势作用关系中，组织间关键人员之间的个人信任有利于提高组织的速度竞争优势，而关键人员工作外的私人交往和个人协同与组织速度竞争优势的直接作用关系并不显著。结果说明组织间关键人员的跨组织私人关系对于速度竞争优势的作用主要是建立了组织间的一种快速行动的信任基础，关键人员之间心理上的信任有利于组织间放心地快速进行市场策略的调整和变化，达到提高市场反应的速度建立速度竞争优势的目的。而组织间关键人员将组织工作中的问题放到私人之间的交往活动中来进行的情况并不存在，即工作和生活还是会分开，工作中的问题还需要通过正式的工作程序来完成，说明了商业朋友性质的关键人员跨组织私人关系对于提高速度竞争优势的直接作用主要是一种心理的支持和保障作用，组织的沟通和协同需要最终落实到组织的工作渠道的正式合作关系中来。

（2）跨组织私人关系通过影响组织间合作关系对组织速度竞争优势具有间接促进作用。跨组织私人关系除了对提高组织速度竞争优势具有一定的直接作用，还可以通过影响组织整体间合作关系来间接提升组织速度竞争优势，即跨组织私人关系通过组织间合作关系的中介作用来提升组织速度竞争优势，起到一种间接的促进作用。具体而言，组织间合作关系对组织速度竞争优势具有积极的正向作用，其中组织间的信任对组织间沟通和协同具有积极的正向影响，而组织间沟通和协同对组织速度竞争优势具有显著的正向作用。而跨组织私人关系的间接作用表现在对组织间合作关系的正向影响关系上，其中跨组织私人关系结构变量中的私人交往与组织间沟通和协同关系显著，个人信任与组织间信任和沟通关系显著，个人协同与组织间信任和沟通关系显著。研究的结果表明组织关键人员作为组织沟通和协同的重要参与者和决策者，他们个人之间的私人交往关系也架起了组织间正式沟通和协商的桥梁，组织之间的合作问题常常可以借助关键人员私人关系的信任基础和交往渠道提高信任、加强沟通和协商，最后通过建立起组织间良好的信任、沟通和协同关系来提升组织速度优势，达到提高企业竞争能力的目的。

（3）不同关系组合的组织在速度竞争优势上具有显著差异。聚类和方差分析研究结果表明跨组织私人关系和组织间合作关系双低型和双高型组别与其他各组的速度优势差异明显，双高型关系组在速度竞争优势上显著均高于其他关系各组，双低型的组织则显著低于其他各组，但跨组织私人关系和组织间合作关系高—低或低—高混合组在速度竞争优势上的差异性并不显著，低于双高关系组，但高于双低关系组。这进一步说明了跨组织私人关系和组织间合作关系都具有组织速度竞争优势的正向影响作用。

（4）组织间跨组织私人关系水平的选择受到来自组织关键人员个人特征、组织特征和行业特征三个方面因素的影响。最优尺度回归分析的结果表明组织中关键个人的学历、性别对组织的跨组织私人关系水平影响显著；关键人员的学历越高，越倾向于建立高水平的跨组织私人关系，女性会比男性建立更高水平的跨组织私人关系。组织所有制结构、规模会对跨组织私人关系水平产生影响，但比较弱，与组织关键个人的学历和性别有一定的相关性。不同运营时间的组织在跨组织私人关系的认识上差异性很小，各组的私人关系水平也都在平均水平以上。行业的竞争状况（激烈程度）也会对跨组织私人关系水平产生影响，但也比较弱，会受到组织所有制形式的影响。行业竞争越激烈，组织越倾向于使用正式组织关系，跨组织私人关系的水平反而越低。不同产品供求关系的行业在跨组织私人关系水平上也没有差异，都维持在平均水平以上。

(5) 特征因素对组织速度竞争优势水平影响关系的分析结果表明：组织特征中的所有制结构、规模、运营时间和行业特征的竞争程度都对组织的速度竞争优势具有显著影响。其中国有企业的速度竞争优势较低，个体企业则较高；规模和运营时间对组织的速度竞争优势水平具有负向影响，规模越大、运营时间越长的组织，速度竞争优势水平越低；行业的竞争程度越激烈，行业内组织的速度竞争优势水平越高。研究结果还发现东西部地区组织在速度竞争优势的水平上并不存在显著差异，反映了东西部地区的组织现在的运作基本上是全国性的运作，在速度理念和执行方面并不存在较大差距。组织整体的速度竞争优势处于中等水平，也反映了当前环境下组织的速度竞争的理念和水平需要进一步的提高。

2. 研究的创新之处

本书的主要贡献和创新点表现在以下两个方面：

首先，本书基于对速度竞争优势影响因素的分析，结合经济社会学领域的社会嵌入理论、社会资本理论和资源依赖理论的观点，将个人层面的组织关键人员私人关系与组织层面的组织间合作关系和速度竞争战略优势进行了有机的结合，为研究组织关系和人际关系提供了新的视野。组织间的关系不仅是组织双方整体层面的业务合作关系，还包括个体层面的人际关系，特别是组织间关键人员的跨组织私人关系，对组织建立速度竞争优势同样起着重要影响作用。这是社会人际关系与组织效率机制之间的有机结合，显示了人际关系在组织间合作和建立竞争优势中的新的作用。本书建立了跨组织私人关系与组织间合作关系和速度竞争优势之间的路径模型和具体变量之间的结构关系模型，并通过实证研究证明了相关变量之间的路径假设，为具有中国特色的组织间关键私人关系在组织合作和建立竞争优势方面新的积极作用提供了理论基础。

其次，本书的另一创新点是将现有组织的关系现状从个人层面的跨组织私人关系和组织正式工作层面的组织间合作关系两个方面进行了关系分类，运用聚类分析和单因素方差分析进一步分析了不同水平的跨组织私人关系与组织间合作关系组合的组织在速度竞争优势上的区别，进一步证明了跨组织私人关系和组织间合作关系的积极作用及其区别，为组织的跨组织私人关系和组织间合作关系的建立和选择提供了坚实的基础。对于四种关系组别的方差分析结果表明，在当前中国的市场经济条件下，工作内的组织间合作关系和工作外的跨组织私人关系都是密不可分的，组织间关键人员的私人关系仍然是影响组织合作和竞争优势的重要因素，忽视私人关系，单纯依靠建立组织间合作关系不一定取得良好的绩效。特别是高私人关系和高组织间合作关系的双高组织在速度竞争优势上显著高于其他关系结构组别的企业，说明私人和合作关系都是组织建立竞争优势的重要力量，组织要想建立比对手更快、更强的竞争优势，就必须在私人关系和组织间合作关系两个方面都与合作伙伴保持良好的关系。同时作为组织的关键的人员，不仅要注重日常的合作交流，工作外的情感交流同样对组织合作具有重要积极作用，与合作伙伴建立良好的私人情感、个人沟通也是做好合作，形成组织竞争能力的一个重要组成部分。当然，这需要以道德和法律作为行为的前提。

3. 研究的启示和实践指导意义

（1）组织间合作中存在多种运作机制的综合作用。组织间的合作中不仅存在着正式的经济合作关系的作用，还存在着基于非正式的个人交往关系的作用，两者都与组织的效率和契约紧密相关。组织间正式的合作关系是基于组织整体之间的一种经济利益合作关系，遵循着实现组织双方利益最大化的效率机制原则。组织双方站在追求自身利益最大的前提下实现着双方的互利合作，组织间成员的沟通、协作等行为活动都是基于实现组织整体之间的利益而进行的，具体参与组织间合作活动的员工都是代表组织在正式的工作场所进行着合作活动。而跨组织私人关系的存在却又说明组织间的正式合作机制之外还有一种非正式的人际机制在发挥着积极的作用。个人人际关系同样遵循着互惠互利的合作原则，而且个人之间还有情感的交流和投入，合作的动力和弹性会更大，合作行为发生的空间也延伸得更广更私密，可以深入到工作场所之外的个人空间，更容易激发主观努力和非单方利益最大化的利他行为，因而可以积极促进组织间的合作和冲突的化解，这充分体现了人际关系机制对提高组织效率和绩效的积极作用。同样组织间合作关系、跨组织私人关系还和行为的合法性紧密相关。不管是正式的组织间合作关系，还是非正式的跨组织私人关系，双方都与契约紧密结合。组织间合作关系以正式的合作契约为基础，具有法律效率，而跨组织私人关系通常以个人信誉和社会行为规范等非正式契约为基础，从主观和客观两个方面对行为起到激励和约束作用。

所以在组织间的合作之中，从关系的角度而言，事实上是一种正式和非正式的关系机制在共同地维持着组织的运作，而不同的组织之间存在着两种关系的不同程度综合运用。而从关系与效率和契约之间的关系而言，组织合作中事实上存在着关系机制、效率机制和合法性机制的共同作用。正式和非正式的关系既可能促进组织的效率，当然也可能阻碍组织的效率，组织要以高效率的方式生产和建立竞争优势，就必须建立一套正式和非正式的结构体系和人们之间的联系。同时关系的建立和维持必须要有契约来进行保证，但同时契约又可能阻碍关系的创新和变革。因此，组织合作中这三种机制事实上是一种相互协调又相互制约的关系。合理的关系有可能促进组织间的效率和稳定发展，不合理的关系则有可能阻碍组织的效率和稳定。因此，实践中的组织之间常常根据各自的特征进行着不同程度的关系组合，体现出不同的合作绩效和竞争能力。

（2）私人关系是组织建立竞争优势的重要资源而非直接的竞争优势。在商业合作中，私人关系确实如范（Fan）所说，不具有核心竞争力的五个特征，如可以复制、不具备持续性等，因而不是一种竞争优势。但是从本书研究的结论可以发现：跨组织私人关系自身对组织的速度竞争优势具有正向的促进作用，而且通过提升组织间的合作关系间接促进组织速度竞争优势的提高，说明组织间的跨组织私人关系对组织形成竞争优势特别是速度竞争优势具有积极的支撑作用，结合社会资源理论的观点，私人关系可以是组织建立竞争优势的重要资源。当然这种资源需要通过与组织正式工作关系渠道来进行转化才能变成组织的竞争优势，即需要合理的利用和开发。

（3）强关系和弱关系在组织建立竞争优势中具有显著的区别。从本书对跨组织私人关系和组织间合作关系水平的聚类组合分析可以发现，双高关系组的速度竞争优势显著高于其他关系各组，而混合关系组又明显高于双低关系组，说明了强关系对于组织建立竞争优势特别是速度竞争优势中的积极作用。在中国这样具有很深关系文化同时又在不断进行市场经济改革的今天，不管是正式的利益合作关系还是非正式的跨组织私人关系，都在对提高商业组织间的合作和建立竞争优势发挥着积极的作用。组织商业合作中基于利益最大化正式的合作关系和基于情感和弹性利益机制的非正式的个人关系从来都是不分离的，共同在组织间的合作中起着相互支持、相互配合的积极作用，两种关系双高的强关系组织更容易建立超越对手的竞争优势。

（4）从个人、组织和行业的特征与跨组织私人关系之间的回归关系可以发现，跨组织私人关系在实践中的运用具有普遍性，且维持的水平比都较高，不同个人、组织和行业之间在跨组织私人关系水平上相差不大。同时，个人、组织和行业的特征因素与跨组织关系水平的相关系数不高，说明了影响组织建立跨组织私人关系水平的因素除了个人学历、性别、组织所有制、规模、竞争程度之外，还存在其他具体因素的影响。因此，组织在促进组织间合作和建立速度竞争优势的时候需要考虑更多其他因素的影响，力争更全面地促进组织间的合作和建立竞争优势。

(5) 本书的实践意义在于以下几个方面：

首先，本书的研究为商业合作组织的管理人员总结了一套完善的关系理论体系，为组织的跨组织私人关系的积极运用提供了理论指导。尽管私人关系在中国的商业合作和其他各个领域中都得到了有意无意的广泛运用，但是实践中的人员对于商业合作中的跨组织私人关系的作用机理并不是特别的清楚。通过本书的理论归纳和实证分析，实践中管理者可以清楚在组织以及组织之间的合作中，一直存在着效率机制、关系机制和合法性机制的综合作用。这几种机制在组织中共生共存，也可能相互竞争。关系机制可以促进组织的效率，也包含合法性的契约机制作用。但是效率机制也常常促进着组织间关系的改变和使用。从关系的角度而言组织中还存在正式关系和非正式关系的区别，正式关系通常以组织整体的形式反映，个体只是组织关系的执行代表，而非正式的关系通常以组织成员私人关系的形式反映，常常发生在工作外的个人社交场所。由于这几种机制的作用是一致存在的，因此组织对于跨组织私人关系的利用是完全可以理解并应该得到鼓励的。但是，同时我们也需要看到，在积极应用关系的同时，我们也要看到关系机制、合法性机制和效率机制之间的制约作用。关系机制要以促进组织的效率和符合道德法律为前提，违背效率机制的组织必然在竞争中遭到淘汰。同样，不符合道德、法律等正式和非正式规范的关系常常会受到社会的谴责和法律的制约。

其次，本书为组织实践者明确了跨组织私人关系和组织关系对于建立竞争优势之间的路径关系。组织实践者可以发现关系机制对于组织建立竞争优势从正式的组织合作关系和非正式私人关系两个方面共同起着作用。同时还可以发现正式组织合作关系的作用大于私人关系的作用，因此，组织在实践中一定要将正式的合作关系放在重要的位置，但是同时也要看到私人关系不仅自身直接影响组织的速度竞争优势，还会促进组织合作关系的提升，间接提升组织的速度竞争优势。同时关系具体维度与速度竞争优势之间关系的显著性，可以让组织实践者在关系的运用中更加具体地看到关系是如何具体影响组织速度竞争的，为组织的具体关系选择和作用判断提供理论基础。

最后，本书对个人、组织、行业的特征因素与跨组织私人关系强度之间的影响关系的研究有助于组织管理实践者认识到：在中国的文化和商业环境下，跨组织私人关系都处于较高水平，跨组织私人关系的运用是一件普遍的事情，不同的个人、组织和行业都在积极运用着私人关系的积极作用，这是一种宏观的文化和体制的影响，私人关系在组织的商业活动以及其他场合都扮演着重要角色。组织如果不积极建立和运用这种资源，就有可能失去一项建立竞争优势的手段。但是，同时也要注意到私人关系与组织正式关系和竞争优势之间的关系，正式关系机制的作用会略大于非正式私人关系的作用，组织需要综合利用正式和非正式的资源共同促进组织竞争能力的提高，才能真正建立起超越竞争对手的竞争优势。

4. 未来研究工作的展望与设想

在当前中国处于市场经济发展和中西文化交互、整合的变革时期，中国的私人关系是一个根植于中国文化环境的复杂概念，涉及情感利益、网络以及时间和空间等多个方面，同时还常常和伦理、法律等各学科紧密关联。因此要对私人关系进行准确而全面的研究度量难度较大，同时私人关系的作用机理也常常具有表现为多个领域的特征和作用。本书从组织和个人层面探讨的关键人员的跨组织私人关系和组织间合作关系并不代表组织关系和个人关系的全部，组织间个人之间非关键人员的私人关系和个人合作关系也可能对组织合作具有某些积极作用，有待在后续的研究中继续深入分析和探讨。

同时，本书对组织的速度竞争优势的探讨还处于初级阶段，对速度竞争优势的定义和测量等主要是从分销商的角度进行定义和测量的。因此，为了提高组织速度竞争优势度量的准确性，有待从更多的行业或组织角度进行定义和测量。另外，本书虽然对影响组织速度竞争优势的因素从组织外部关系的角度进行了分析，但组织内部相关因素的影响还缺乏实证分析，有待在将来的研究中进行进一步的研究。

另外，本书的研究证明了组织的非正式的跨组织私人关系和正式的组织间合作关系对组织速度竞争优势的提高具有正向的促进作用，表明了组织关系机制和效率机制间的相互促进作用。但是我们也要看到，过度或者不恰当的关系同样会阻碍组织效率的提高，因此，找到最高效率点时的关系形式和关系的度对于组织合理运用关系具有重要的意义。因此，将来的研究希望对最合理的关系结构形式和关系组合进行更加深入的探讨。

最后，本书以机械、电器、服装、食品饮料、装饰材料等行业的分销商为调查对象，分析了跨组织私人关系、组织间合作关系对其建立速度竞争优势的影响，研究发现了跨组织私人关系的一些积极作用，但是私人交往变量与组织建立速度竞争优势的影响不够显著。而从一些直观的感受可以发现一些直销产品行业，如保险业、银行业等行业中个人的交往关系常常具有相当重要的影响，因此，研究的结论是否与行业的产品特性有关，值得从行业的产品特性方面进行深入的对比研究，希望将来的研究能在此方面做进一步的深入探索。

参考文献

[1] NARASIMHAN R, KIM S W. Effect of Supply Chain Integration on The Relationship Between Diversification and Performance: Evidence From Japanese and Korean Firms [J]. Journal of Operations Management, 2002, 20 (3): 303 - 323.

[2] CHEN I J, PAULRAJ A, LADO A A. Strategic Purchasing, Supply Management, and Firm Performance [J]. Journal of Operations Management, 2004, 22 (6): 505 - 523.

[3] KRAUSE D R, HANDFIELD R B, TYLER B B. The Relationships Between Supplier Development, Commitment, Social Capital Accumulation and Performance Improvement [J]. Journal of Operations Management, 2007, 25 (2): 528 - 545.

[4] WILLIAMSON O E. Opportunism and Its Critics [J]. Management and Decision Economics, 1993, 14 (2): 97 - 107.

[5] ARROW K J. The Economics of Agency [M]. MA: Harvard University Press, 1985.

[6] WILLIAMSON, O E. The Economic Institutions of Capitalism [M]. NY: the Free Press, 1998.

[7] HILL C W L. Cooperation, Opportunism and The invisible Hand: Implications for Transaction Cost Theory [J]. Academy of Management Journal, 1990, 15 (3): 500 - 513.

[8] GRANOVETTER M. Economic Action and Social Structure: the Problem of Embeddedness [J]. American Journal of Sociology, 1985, 91 (3): 481 - 510.

[9] GRANOVETTER M. The Impact of Social Structure on Economic Outcomes [J]. Journal of Economic Perspectives, 2005, 19 (1): 33 - 50.

[10] BURT R S. Structural Holes [M]. Cambridge MA: Harvard University Press, 1992.

[11] LIN N. Social Capital: A Theory of Social Structure and Action [M]. NY: Cambridge University Press, 2001.

[12] BIAN Y J. Bringing Strong Ties Back In: Indirect Ties, Network Bridges, and Job Searches in China [J]. American Sociological Review, 1997, 62 (3): 366 – 385.

[13] MORGAN R M, Hunt S D. The Commitment – Trust Theory of Relationship Marketing [J]. Journal of Marketing, 1994, 58 (3): 20 – 38.

[14] FYNES B, BURCA S D, MANGAN J. The Effect of Relationship Characteristic on Relationship Quality and Performance [J]. International Journal of Production Economics, 2008, 111 (1): 56 – 69.

[15] LEE P K C, HUMPHREYS P K. The role of Guanxi in Supply Management Practices [J]. International Journal of Production Economics, 2007, 106 (2): 450 – 467.

[16] STEPHEN S S, MARSHALL R S. The Transaction Cost Advantage of Guanxi – Based Business [J]. Practices Journal of World Business, 2000, 35 (1): 21 – 42.

[17] PEARCE II J A, ROBINSON JR R B. Cultivating Guanxi as a Foreign Investor Strategy Business [J]. Business Horizons, 2000, 43 (1): 31 – 38.

[18] FAN Y. Questioning Guanxi: Definition, Classification and Implications [J]. International Business Review, 2002, 11 (5): 543 – 561.

[19] 韩巍, 席酉民. 中国商业活动的基本模式探讨 [J]. 西北大学学报, 2001, 31 (1): 1 – 6.

[20] 庄贵军, 席酉民. 关系营销在中国的文化基础 [J]. 管理世界, 2003 (10): 98 – 109.

[21] 庄贵军, 李珂, 崔晓明. 关系营销导向与跨组织人际关系对企业关系渠道治理的影响 [J]. 管理世界, 2008 (7): 77 – 90.

[22] 庄贵军, 席酉民. 中国营销渠道中私人关系对渠道权力使用的影响 [J]. 管理科学学报, 2004, 7 (6): 52 – 62.

[23] 王晓玉, 晁钢令. 中国市场上私人关系对企业间关系的影响——基于企业间核心关系变量的实证分析 [J]. 当代经济管理, 2007, 29 (1): 37 – 45.

[24] STALK JR G. Time – The Next Source of Competitive Advantage [J].

Harvard Business Review, 1988 (4): 41 - 51.

[25] 晁钢令, 马勇. 速度竞争战略 [J]. 经济理论与经济管理, 2003 (12): 46 - 49.

[26] 高原, 霍国庆. 企业快速反应能力研究的三种视角 [J]. 管理现代化, 2004 (2): 34 - 38.

[27] 王晓玉, 晁钢令. 私人关系、契约关系对企业间两层次信任的影响——来自家电分销渠道的实证分析 [J]. 上海管理科学, 2006 (5): 5 - 8.

[28] 许淑君, 马士华. 从委托—代理理论看我国供应链企业间的合作关系 [J]. 计算机集成制造系统, 2000, 6 (6): 16 - 19.

[29] 吴增源, 黄祖庆, 伍蓓. 信息技术能力、企业间关系与企业绩效关系研究 [J]. 科技进步与对策, 2009, 26 (17): 77 - 81.

[30] 李焕荣, 马存先. 组织间关系的进化过程及其策略研究 [J]. 科技进步与对策, 2007, 24 (1): 10 - 13.

[31] 高维和, 陈信康. 组织间关系演进: 三维契约、路径和驱动机制研究 [J]. 当代经济管理, 2009, 31 (8): 1 - 8.

[32] UZZI B. The Sources and Consequences of Embeddedness for the Economic Performance of Organizations: The Network Effect [J]. American Sociological Review, 1996, 61 (4): 674 - 98.

[33] LI S H, RAGU - NATHAN B, RAGU - NATHAN T S, ET AL. The Impact of Supply Chain Management Practices on Competitive Advantage and Organizational Performance [J]. Omega, 2006, 34 (2): 107 - 124.

[34] HANDFIELD R B, BECHTEL C. The Role of Trust and Relationship Structure in Improving Supply Chain Responsiveness [J]. Industrial Marketing Management, 2002, 31: 367 - 382.

[35] FYNES B, BURCA S D, MARSHALL D. Environmental Uncertainty, Supply Chain Relationship Quality and Performance [J]. Journal of Purchasing & Supply Management, 2004 (10): 179 - 190.

[36] 周雪光. 组织社会学十讲 [M]. 北京: 社会科学出版社, 2003.

[37] 高维和, 陈信康. 商业性朋友关系研究述评 [J]. 外国经济与管理, 2009, 31 (9): 60 - 65.

[38] ZHOU X G, WEI Z, LI Q, ET AL. Embeddedness and Contractual Relationships in China's Transitional Economy [J]. American Sociological Review, 2003,

68 (2): 75-102.

[39] LUSCH R F, BROWN J R. Interdependency, Contracting and Relational Behavior in Marketing Channels [J]. Journal of Marketing Management, 1996, 60 (4): 19-38.

[40] THIBAULT J W, KELLEY H H. The Social Psychology of Groups [M]. New York: John Wiley, 1959.

[41] KELLEY H H, THIBAULT J W. Interpersonal relationships: A theory of interdependence [M]. New York: John Wiley, 1978.

[42] CROPANZANO R, MITCHELL M S. Social Exchange Theory: An Interdisciplinary Review [J]. Journal of Management, 2005, 31 (6): 874-900.

[43] LIN N. Social Network and Status Attainment [J]. Annual Review of Sociology, 1999, 25: 467-487.

[44] BIAN Y J, ANG S. Guanxi Networks and Job Mobility in China and Singapore [J]. Social Forces, 1997, 75 (3): 981-1005.

[45] UZZI B. Embeddedness in the Making of Financial Capital: How Social Relations and Networks Benefit firms Seeking Financing [J]. American Sociological Review, 1999, 64: 481-505.

[46] BURT R S. A Note on Social Capital and Network Content [J]. Social Networks, 1997, 19: 355-373.

[47] ANDERSON J C, NARUS J A. A Model of Distributor Firm and Manufacturer Firm Working Partnerships [J]. Journal of Marketing, 1990, 54 (1): 42-58.

[48] WATHNE K H, HEIDE J B. Opportunism in Interfirm Relationships: Forms, Outcomes, and Solutions [J]. Journal of Marketing, 2000, 64 (4): 36-51.

[49] WATHNE K H, HEIDE J B. Relationship Governance in a Supply Chain Network [J]. Journal of Marketing, 2004, 68 (1): 73-89.

[50] NAUDE P, BUTTLE F. Assessing Relationship Quality [J]. Industrial Marketing Management, 2000, 29 (4): 351-361.

[51] PFEFFER J, SALANCIK G R. The External Control of Organizations: A Resource Dependence Perspective [M]. New York: Harper Row, 1978.

[52] 姚小涛, 张田, 席酉民. 强关系与弱关系: 企业成长的社会关系依

赖研究 [J]. 管理科学学报, 2008, 11 (1): 143 - 152.

[53] HAKANSSON. International Marketing and Purchasing of Industrial Goods: An Interaction Approach [M]. Chichester and New York: Wiley, 1982.

[54] CROSBY L A, EVENS K R, COWLES D. Relationship Quality in Services Selling: An Interpersonal Influence Perspective [J]. Journal of Marketing, 1990, 54 (7): 68 - 81.

[55] MOHR J, SPEKMAN R. Characteristics of Partnership Success: Partnership Attributes Communication Behavior and Conflict Resolution Techniques [J]. Strategic Management Journal, 1994, 15 (2): 135 - 152.

[56] WILSON D T, JANTRANIA S. UNDERSTANDING THE VALUE OF A RELATIONSHIP [J]. Asia - Australia Marketing Journal, 1996, 2 (1): 55 - 66.

[57] JAP S D. Pie - Expansion Efforts: Collaboration Processes in Buyer - Supplier Relationships [J]. Journal of Marketing Research, 1999, 36 (4): 461 - 475.

[58] FYNES B, VOSS C, BURCA S D. The Impact of Supply Chain Relationship Quality on Quality Performance [J]. Int. J. Production Economics, 2005, 96: 339 - 354.

[59] 叶飞, 徐学军. 供应链伙伴特性、伙伴关系与信息共享的关系研究 [J]. 管理科学学报, 2009, 12 (4): 116 - 128.

[60] STANLEY L L, WISNER J D. Service Quality Along The Supply Chain: Implications for Purchasing [J]. Journal of Operations Management, 2001, 19 (3): 287 - 306.

[61] GANESAN S. Determinants of Long - Term Orientation in Buyer - Seller Relationships [J]. Journal of Marketing, 1994, 58 (4): 1 - 19.

[62] PRAHINSKI C, BENTON W C. Supplier Evaluations: Communication Strategies to Improve Supplier Performance [J]. Journal of Operations Management, 2004, 22: 39 - 62.

[63] LI S H, RAO S S, RAGU - NATHAN T S, ET AL. Development and Validation of A Measurement Instrument for Studying Supply Chain Management Practices [J]. Journal of Operations Management, 2005, 23 (5): 618 - 641.

[64] 林有成. "五缘" 文化与市场营销 [M]. 北京: 经济管理出版社, 1997.

[65] LUO Y. Guanxi and Performance of Foreign-Invested Enterprises in China: An Empirical Inquiry [J]. Management International Review, 1997, 37 (1): 51-71.

[66] LEE D Y, DAWES P L. GUANXI, Trust and Long-Term Orientation in Chinese Business Markets [J]. Journal of International Marketing, 2005, 13 (2): 28-56.

[67] HWANG K. Face and Favor: The Chinese Power Game [J]. American Journal of Sociology, 1998, 92 (4): 944-974.

[68] TSANG, ERIC W K. Can Guanxi Be a Source of Sustained Competitive Advantage for Doing Business in China? [J]. Academy of Management Executive, 1998, 12 (2): 64-73.

[69] 王晓玉. 边界管理人员关系与企业间关系——信任的核心作用[J]. 管理学报, 2006, 3 (6): 728-732.

[70] COUSINS P D, HANDFIELD R B, LAWSON B, ET AL. Creating Supply Chain Relational Capital: The Impact of Formal and Informal Socialization Processes [J]. Journal of Operations Management, 2006, 24: 851-863.

[71] WONG Y H. The Dynamics of Guanxi in China [J]. Singapore Management Review, 1998, 20 (2): 25-42.

[72] 王晓玉, 晁钢令. 组织间信任与组织间人际信任的作用比较——来自中国家电分销渠的实证分析 [J]. 经济管理, 2006 (4): 37-44.

[73] 高维和, 陈信康, 江晓东. 声誉、心理契约与企业间关系: 基于在华外资企业采购视角的研究 [J]. 管理世界, 2009 (8): 102-112.

[74] 何旭明. 论人情关系与腐败现象 [J]. 社会科学, 2000 (11): 19-23.

[75] 朱力. 中国社会生活中的关系网亚文化 [J]. 社会科学研究, 1993 (2): 59-65.

[76] DAVIES H, LEUNG T K P, LUK S T K, ET AL. The Benefits of "Guanxi" The Value of Relationships in Developing the Chinese Market Industrial [J]. Marketing Management, 1995, 24: 207-214.

[77] LAW K S, WONG C S, WANG D X ET AL. Effect of supervisor-subordinate guanxi on supervisory decisions in China: an empirical investigation [J]. Int. J. of Human Resource Management, 2000, 11 (4): 751-765.

[78] STANDIFIRD S S. Using Guanxi to Establish Corporate Reputation in China [J]. Corporate Reputation Review, 2006, 9 (3): 171-178.

[79] CHUN H, GRAEN G. Guanxi and Professional Leadership in Contemporary Sino-American Joint Ventures in Mainland [J]. China Leadership Quarterly, 1997, 8 (4): 451-465.

[80] WONG A L Y, SLATER J R. Executive development in China: is there any in a Western Sense [J]. Int. J. of Human Resource Management, 2002 (3): 101-110.

[81] XIN K R, PEARCE J L. Guanxi: Connections as Substitutes for Formal Institutional Support [J]. Academy of Management Journal, 1996, 39 (6): 1641-1658.

[82] QI H T. Strategy Process and Guanxi in Chinese Township and Village Enterprises: A Case-Study Approach [J]. Asia Pacific Business Review, 2006, 12 (1): 1-18.

[83] HUANG Y H. The Personal Influence Model and Gao Guanxi in Taiwan Chinese Public Relations [J]. Public Relations Review, 2000, 26 (2): 219-236.

[84] Lee M Y, Ellis P. Insider-Outsider Perspectives of Guanxi [J]. Horizon Bushiness, 2000, 42 (1): 25-30.

[85] 顾航宇. 关于"关系网"的社会学分析 [J]. 四川师范学院学报: 哲学社会科学版, 2003 (2): 85-88.

[86] BRAENDLE U C, GASSER T, NOLL J. Corporate Governance in China—Is Economic Growth Potential Hindered by Guanxi? [J]. Business and Society Review, 2005, 110 (4): 389-405.

[87] WANG C L. Guanxi vs. Relationship Marketing: Exploring Underlying Differences [J]. Industrial Marketing Management, 2007, 36 (1): 81-86.

[88] VANHONACKER W R. Guanxi Networks in China: How to be the Spider, Not the Fly [J]. The China Business Review, 2004, 31 (3): 48-53.

[89] 汪建, 曹德弼, 孙林岩. 快速反应战略的核心问题及发展趋势 [J]. 工业工程与管理, 2000, 5 (6): 22-25.

[90] 陈华. 论企业速度营销系统 [J]. 商业时代, 2006 (3): 31-33.

[91] SHOTT S. Emotion and Social Life: A Symbolic Inter-actionist Analysis [J]. American Journal of Sociology, 1979, 84 (6): 1317-1335.

[92] 王鹏, 侯钧生. 情感社会学: 研究的现状与趋势情感社会学: 研究的现状与趋势 [J]. 社会, 2005 (4): 70-87.

[93] 菲利普·科特勒. 营销管理——分析、计划、执行与控制 [M]. 上海: 上海人民出版社, 2001.

[94] 夏清华. 从资源到能力: 竞争优势战略的一个理论综述 [J]. 管理世界, 2002 (4): 109-114.

[95] 迈克尔·波特. 竞争优势 [M]. 北京: 华夏出版社, 1997.

[96] 勾晓瑞. 竞争优势来源问题研究综述 [J]. 洛阳工业高等专科学校学报, 2007, 17 (4): 58-61.

[97] DAVID J. T, GARY P, AMY S. Dynamic Capabilities and Strategic Management [J]. Strategic Management Journal, 1997, 18 (7): 509-533.

[98] 王晓玉, 晁钢令. 中国市场上私人关系对企业间关系的影响——基于企业间核心关系变量的实证分析 [J]. 当代经济管理, 2007, 29 (1): 37-45.

[99] WEIBER R, KOLLMANN T. Competitive Advantages in Virtual Markets – perspectives of "information – based" in Cyberspace [J]. European Journal of Marketing, 1998, 32 (7-8): 603-615.

[100] DYER J H, SINGH H. The Relational View: Cooperative Strategy and Sources of Inter – organizational Competitive Advantage [J]. Academy of Management Review, 1998, 23 (4): 660-679.

[101] 曹玉玲, 李随成. 供应商参与创新中信任关系影响因素分析 [J]. 南开管理评论, 2008, 11 (5): 13-18.

[102] 韩小芸, 汪纯孝. 服务性企业顾客满意感与忠诚感关系 [M]. 北京: 清华大学出版社, 2003.

[103] 杨静. 供应链内企业间信任产生的机制及其对合作的影响——基于制造企业的研究 [D]. 浙江: 浙江大学, 2006.

[104] KINGSHOTT R P J. The Impact of Psychological Contracts upon Trust and Commitment Within Supplier – buyer Relationships: A Social Exchange View [J]. Industrial Marketing Management, 2006, 35 (6): 724-739.

[105] BHATNAGAR R, SOHAL A S. Supply Chain Competitiveness: Measuring The Impact of Location Factors, Uncertainty and Manufacturing Practices [J]. Technovation, 2005, 25 (5): 443-456.

[106] 边燕杰, 丘海雄. 企业的社会资本及其功效 [J]. 中国社会科学, 2000 (2): 87-99.

[107] 范钧. 区域软环境对中小企业竞争优势要素作用机制的实证研究——以浙江制造业为例 [J]. 科研管理, 2010, 31 (2): 105-113.

[108] 武义青, 马银戌, 顾培亮. 中国地区制造业竞争力比较——从行业角度分析 [J]. 工业工程与管理, 2003 (6): 28-32.

[109] 彭艳君. 顾客参与及其对顾客满意的影响研究 [M]. 北京: 知识产权出版社, 2008.

[110] 周浩, 龙立荣. 共同方法偏差的统计检验与控制方法 [J]. 心理科学进展, 2004, 12 (6): 942-950.

[111] PODSAKOFF P M, MACKENZIE S B, LEE J Y, ET AL. Common Method Biases in Behavioral Research: a critical review of the literature and recommended remedies [J]. Journal of Applied Psychology, 2003, 88 (5): 879-903.

[112] 张玉利, 李乾文. 公司创业导向、双元能力与组织绩效 [J]. 管理科学学报, 2009, 12 (1): 137-152.

[113] 姜翰, 金占明. 关系成员企业管理者社会资本水平及其机会主义行为间关系的实证研究——以中外合资企为例 [J]. 南开管理评论, 2008, 11 (4): 34-42.

[114] ANDERSON J C, GERBING D W. Structural Equation Modeling in Practice: A Review and Recommended Two Step Approach [J]. Psychological Bulletin, 1988, 103 (3): 411-423.

[115] 侯杰泰, 温忠麟, 成子娟. 结构方程模型及其应用 [M]. 北京: 教育科学出版社, 2004.

[116] FORNELL C, LARCKER D F. Evaluating Structural Equation Models with Unobservable Variables and Measurement Error [J]. Journal of Marketing Research, 1981, 18 (1): 39-50.

附录（问卷）

尊敬的先生/女士：

您好！我们是西南交通大学和宜宾学院供应链管理研究方向的问卷调查组，我们希望了解您对您的上级供应商的看法，以便更好地研究供应链管理。我们的问卷不涉及您的隐私，并郑重承诺对您的回答严格保密，请放心填写！以下问题大概会占据您五分钟的时间，请根据您的真实看法在适当的数字或选项上打钩。对于您的支持与合作，我们表示衷心的感谢！

西南交大和宜宾学院联合调查组

一、请根据您公司和上级供应商的工作关系情况回答下列问题。

（1~5表示同意的程度，1表示完全不同意，2表示基本不同意，3表示无意见或不确定，4表示基本同意，5表示完全同意）

在工作中：

1. 我们交换信息都很及时。（1 2 3 4 5）
2. 我们沟通很频繁。（1 2 3 4 5）
3. 我们会和对方公司对销售活动（广告、促销、定价等）进行充分合作。
（1 2 3 4 5）
4. 我们会根据对方公司要求调整产品销售的数量或种类。（1 2 3 4 5）
5. 我们会根据对方公司要求调整销售人员配备。（1 2 3 4 5）
6. 我们会根据对方公司要求调整营销方案。（1 2 3 4 5）
7. 我们会根据对方公司要求调整卖场布局。（1 2 3 4 5）
8. 我们和对方公司相互信任。（1 2 3 4 5）
9. 我们相信对方公司肯定会帮助我们公司。（1 2 3 4 5）
10. 我们相信对方公司有能力满足我们的要求。（1 2 3 4 5）
11. 对方公司与我们接触的员工都很诚实正直。（1 2 3 4 5）

二、请根据您本人和上级供应商的关键联系人员（主管或业务代表等）工作外的个人交往实际情况回答下列问题。

（1~5表示同意的程度，1表示完全不同意，2表示基本不同意，3表示无意见或不确定，4表示基本同意，5表示完全同意）

12. 我们经常私下接触，如在一起吃饭或参加某些活动。（1 2 3 4 5）
13. 过年过节我们都会互赠送礼物表示问候。（1 2 3 4 5）
14. 我们经常讨论一些私人问题。（1 2 3 4 5）
15. 我们会私下讨论一些公司的内部信息。（1 2 3 4 5）
16. 我们在生活中常常互相照顾。（1 2 3 4 5）
17. 作为朋友，他（或他们）在我有困难时肯定会帮我。（1 2 3 4 5）
18. 作为朋友，他（或他们）不会欺骗我。（1 2 3 4 5）
19. 作为朋友，他（或他们）会保守我的秘密。（1 2 3 4 5）
20. 我们的关系是经过长时间考验的。（1 2 3 4 5）
21. 我们之间有事都好商量。（1 2 3 4 5）
22. 我们之间遇到利益冲突时，我会考虑对方的利益。（1 2 3 4 5）
23. 我们之间遇到利益冲突时，对方也会考虑我的利益。（1 2 3 4 5）

三、请根据您公司的业务状况回答下列问题。

（1~5表示同意的程度，1表示完全不同意，2表示基本不同意，3表示无意见或不肯定，4表示基本同意，5表示完全同意）

24. 对方公司离不开我们。（1 2 3 4 5）
25. 我们也离不开对方公司。（1 2 3 4 5）

与过去两年相比：

26. 我公司提前订货的时间缩短了。（1 2 3 4 5）
27. 我公司产品订货到上市的时间缩短了。（1 2 3 4 5）
28. 市场变化时，我公司调整产品种类和数量的速度更快了。（1 2 3 4 5）
29. 市场变化时，我公司调整营销方案更快了。（1 2 3 4 5）
30. 市场变化时，我公司调整价格更快了。（1 2 3 4 5）
31. 我公司的净利润显著上升。（1 2 3 4 5）
32. 我公司的销量显著上升。（1 2 3 4 5）

与同行相比：（同样或者同类品牌）

33. 我公司的提前订货时间更短。（1 2 3 4 5）
34. 我公司产品订货到上市的时间更短。（1 2 3 4 5）
35. 市场变化时，我公司调整产品种类和数量的速度更快。（1 2 3 4 5）
36. 市场变化时，我公司调整价格更快。（1 2 3 4 5）
37. 市场变化时，我公司调整营销方案更快。（1 2 3 4 5）

38. 我公司净利润更高。 （1 2 3 4 5）

39. 我公司销量更大。 （1 2 3 4 5）

四、请根据您的实际情况回答下列问题。（单选）

40. 您的学历是：

□小学　　□初中　　□高中　　□大学　　□研究生及以上

41. 您的性别是：

□男　　□女

42. 您在公司的职位是：

□一般职员　□业务主管　□部门经理　□副总经理　□总经理

43. 您公司的上级供应商是

□厂家　□总代理　□总经销　□二级代理商　□二级分销商

44. 您所在的公司属于

□国有企业　□民营企业　□合资企业　□外资独资企业　□个体

45. 您所在的公司所处的行业属于

□机械、汽车业　□电器　□服装　□食品、饮料　□装饰、建材
□其他

46. 您所在的公司（直属的公司）年度销售总额

□100万以下　□100万~500万　□5百万~1千万　□1千万~5千万
□5千万以上

47. 您所在公司（直属公司）成立的时间有

□3年以下　□3~5年　□5~10年　□10~20年　□20年以上

48. 在这个竞争中，与您们公司实力相当或者更优的竞争对手数量

□很多　　□比较多　　□一般　　□比较少　　□很少

49. 您们行业的产品供求情况

□严重供大于求　□轻度供大于求　□供求平衡　□轻度供不应求
□严重供不应求

对您的合作再次表示衷心的感谢！

致　谢

　　谨以此书献给我最爱的人，希望她能看到今天研究书稿的完成，我的心将永远与她在一起！感谢我慈祥的奶奶，希望您在天堂幸福平安，您的孙子永远爱您！感谢我最亲爱父母，我总是在不断地孤单前行，让您们担心，我的每一步成长都是您们从小含辛茹苦的抚育和心血的浇灌，您们赋予了我踏实进取、诚实上进的品质，引导着我跨越大洋，在东西方之间、古代和现代之间不断地探寻和求索，在今天完成我的博士学位论文书稿的重要时刻，我衷心感谢父母多年的关怀和教导，您们是我心中永远的亲人，我永远爱您们！

　　同时，这项研究的完成，还包含了太多我尊敬和喜爱的老师、同学、亲人和朋友们的关心和帮助，也包括我的母校——西南交通大学和我工作的宜宾学院的积极帮助和支持，在此，对他们致以最衷心的感谢和祝福！

　　感谢我的导师周国华教授，在我这几年的博士学习生活中，周老师给予了我在学术和生活中无私的关怀和悉心指导。整个研究从研究方向的选择、论题的证明以及模型的建立、论文的撰写和修改都得到了周老师的悉心指导，在我研究进入迷茫而难以找到方向的时候，周老师总是给予我最及时的指导和帮助。导师严谨治学的态度、渊博的学识以及平易近人的人格魅力都深深地影响着我将来的学术生涯和人生态度。在此衷心祝福我的导师和家人合家幸福，工作和生活顺利平安！

　　同时也衷心感谢我的博士研究指导小组的第二导师王建琼教授和谭德庆教授。我的博士研究能够得以顺利进行，离不开两位导师所给予的多方面的指导和建议。感谢谭德庆教授对我硕士到博士期间多门课程的教学和指导，为我的博士研究打下扎实的基础，使我能够掌握数学和统计的研究工具顺利完成博士论文的研究，感谢谭德庆教授在我的整个硕士和博士学习和研究论文写作期间所给予的各种悉心指导和建设性建议。同时，也衷心感谢王建琼教授在我博士学习和论文写作期间所给予的悉心指导和帮助，两位导师严谨的治学态度、渊博的知识以及对学生的热心指导让我钦佩。衷心祝愿两位导师阖家幸福安康，事业生活平安顺利！

感谢我的母校西南交通大学。从 2001 年的硕士学习开始到今天的博士学位论文完成，母校见证了我的每一步成长，教育了我怎样成为一名合格的管理者、学者、高校教师和学术研究者。在交大学习的八年日子里，我深深感受到了交大"竢实扬华、自强不息"的精神和严谨的治学态度，母校的精神和文化已经深深融入到我的血液，养成了我工作和学术研究中严谨的作风、自强的性格。感谢西南交通大学经济管理学院所有的领导和教师，你们为学生提供的各种学术讲座和学术资源，丰富了我的学术底蕴和学术视野，让我从一个学术大门外徘徊的求知者成为今日学术研究中一位积极的践行者。感谢经济管理学院所有教导过我的老师，感谢他们在课堂上传授给我各种有用的知识和智慧，让我能够迅速成长并成为一名合格的高校教师和学术研究者。感谢学院教学办的我的两位班主任陈洁老师和符建云老师的热心帮助。

感谢我的同门师兄、师姐、师弟、师妹们在我的博士学习期间所给予的各种支持和帮助，林晶晶、杨琴、张克勇、韩姣杰、易明、刘爱梅、韩姣杰等所有师兄、师姐、师弟、师妹们，我将永远记得我们在实验室相互学习、互相帮助、共同成长的愉快经历，特别感谢杨琴在研究论文写作期间给予的各种支持和帮助，衷心祝愿各位同门学习、生活、事业和家庭平安幸福，事事顺心如意。

感谢我的工作单位宜宾学院的领导和同事们。学院的支持和鼓励使我能够顺利从一名管理者转变为一名合格的高校教师，同时使我顺利考上博士，进一步提升自己成为一名研究型的学者。感谢您们在我博士学习期间给予的各种优惠措施和帮助，衷心祝愿您们好人一生平安！特别感谢我最好的朋友和同事杨波和余奎，你们既是我生活中的好友，又是我学术研究的伙伴，同时感谢我最好的朋友谢志祥医生，感谢您们在我最脆弱的时候所做的一切，感谢您们与我在生活、学术和教学中所进行的各种交流和探讨，您们是我一生的朋友，衷心祝愿您们阖家幸福平安，事业进步！

感谢宜宾学院工商管理系我 2005 级、2006 级、2007 级、2008 级和 2009 级的同学们，老师在为你们教学的同时也与你们一起共同成长。感谢 2005、2007、2008 级参与我的课题研究和问卷收集的黄良武、罗晓霞、罗小飞等同学们，你们的积极参与和努力工作推动着老师不断前行，这份研究与你们的努力工作紧密相关，衷心希望你们工作、学习不断进步，家庭幸福平安！

白如彬
2013 年 12 月